Lösungen zu Heft 1

Einsterns Schwester 2

Arbeitsheft 1
Sprache untersuchen

Herausgegeben
und erarbeitet von
Roland Bauer
Jutta Maurach

Cornelsen

Inhaltsverzeichnis

So kannst du mit den Heften arbeiten

Du machst alle Seiten der Lernportion 1.

Zuerst im grünen Heft.

Dann im roten Heft.

Dann im gelben Heft.

Und dann im blauen Heft.

Danach machst du in allen Heften die Lernportion 2.

Nun machst du in allen Heften die Lernportion 3.

Genauso bearbeitest du alle anderen Lernportionen.

1 Vornamen ordnen

1 Trage die Namen der Kinder in die Tabelle ein.
Unterstreiche die großen Anfangsbuchstaben.

Mädchennamen	Jungennamen
Lisa	Tim
Klara	Max
Anne	Niko
Sofie	Mirko

1 Nomen für Menschen kennen lernen

Wörter für Menschen sind **Nomen**.
Nomen werden großgeschrieben:
Mama, Tante, Opa.

1 Trenne die Wortschlange. Trage die Nomen für Verwandte unten ein.
Unterstreiche die großen Anfangsbuchstaben.

Mama|Papa|Schwester|Bruder|Tante|Onkel|Oma|Opa

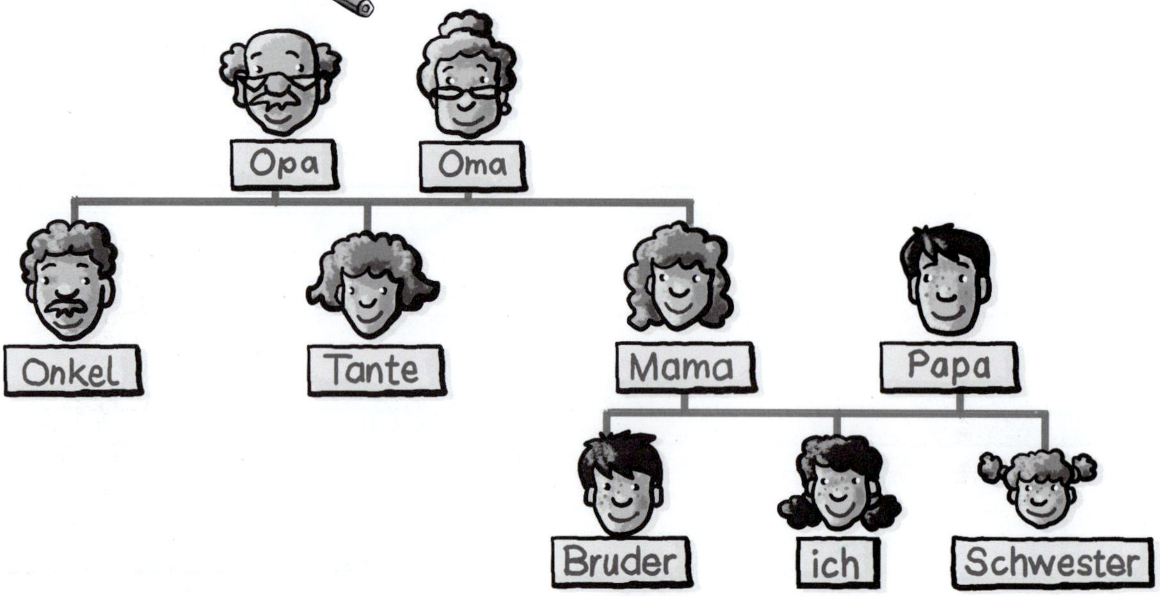

 Mama

 Papa

 Schwester

 Bruder

 Tante

 Onkel

 Oma

 Opa

1 Nomen für Menschen schreiben

1 Ordne jedem Bild das passende Nomen zu.
Unterstreiche die großen Anfangsbuchstaben.

~~Busfahrer~~	~~Verkäuferin~~	~~Frisör~~	~~Lehrer~~
~~Bäcker~~	~~Ärztin~~	~~Koch~~	~~Bauer~~

Busfahrer

Bäcker

Lehrer

Verkäuferin

Koch

Ärztin

Bauer

Frisör

Heft 1, Seite 7
Berufe
Gärtner, Pilotin, ...

1 Nomen für Tiere kennen lernen

Wörter für Tiere sind **Nomen**.
Nomen werden großgeschrieben:
Ameise, Fisch, Gans.

1 Trenne die Wortschlange. Trage die Nomen für Tiere ein.
Unterstreiche die großen Anfangsbuchstaben.

Ameise | Katze | Kuh | Schlange | Fisch | Gans

 Ameise

 Katze

 Kuh

 Schlange

 Fisch

 Gans

2 Setze die passenden Tiernamen von oben ein.
Unterstreiche die großen Anfangsbuchstaben.

Die Katze jagt Mäuse.

Der Fisch schwimmt im Wasser.

Die Kuh frisst Gras auf der Wiese.

Die Gans hat einen langen, weißen Hals.

1 Nomen für Tiere schreiben

1 Finde die passenden Silben. Schreibe die Wörter zum Bild. Unterstreiche die großen Anfangsbuchstaben.

~~Bie-~~	~~Vo-~~	~~Af-~~	~~Zeb-~~	~~Ha-~~	~~Lö-~~
~~fe~~	~~ne~~	~~gel~~	~~se~~	~~we~~	~~ra~~

Biene

Zebra

Affe

Löwe

Vogel

Hase

2 Setze die passenden Tiernamen von oben ein. Unterstreiche die großen Anfangsbuchstaben.

Das Zebra hat schwarze und weiße Streifen.

Der Hase hat lange Ohren.

Die Biene hat einen Stachel.

Der Vogel hat einen Schnabel.

Der Löwe hat eine Mähne.

Der Affe hat braunes Fell.

1 Nomen für Pflanzen kennen lernen

Wörter für Pflanzen sind **Nomen**.
Nomen werden großgeschrieben:
Rose, Tulpe, Apfelbaum.

1 Verbinde Nomen und Bilder.

Gänseblümchen | Rose | Kastanienbaum | Tulpe

Apfelbaum | Birnbaum | Löwenzahn | Tannenbaum

2 Ordne die Nomen für Pflanzen aus Aufgabe **1**.
Unterstreiche die großen Anfangsbuchstaben.

Blumen	Bäume
Gänseblümchen	Kastanienbaum
Rose	Birnbaum
Tulpe	Tannenbaum
Löwenzahn	Apfelbaum

1 Nomen für Pflanzen zusammensetzen

1 Verbinde Silben und Bild. Schreibe die Nomen für Pflanzen. Unterstreiche die großen Anfangsbuchstaben.

Kir	sich		<u>K</u>irsche
Pfir	fel		<u>A</u>pfel
Ap	sche		<u>P</u>firsich

Gur	lat		<u>G</u>urke
Spi	ke		<u>S</u>pinat
Sa	nat		<u>S</u>alat

Kar	ma	te	<u>P</u>aprika
Pa	pri	fel	<u>T</u>omate
To	tof	ka	<u>K</u>artoffel

Ich esse am liebsten Ampelessen: einen roten Apfel, eine gelbe Paprika und eine grüne Gurke.

1 Nomen für Dinge kennen lernen

Wörter für Dinge sind **Nomen**.
Nomen werden großgeschrieben:
Nudeln, Butter, Käse.

Tafel. Kreide.
Schwamm. Das sind auch
alles Nomen.

1. Ordne jedem Bild das passende Nomen zu.
   Unterstreiche die großen Anfangsbuchstaben.

~~Milch~~ | ~~Wurst~~ | ~~Saft~~ | ~~Brot~~ | ~~Käse~~

~~Kuchen~~ | ~~Butter~~ | ~~Nudeln~~ | ~~Torte~~

Nudeln

Butter

Käse

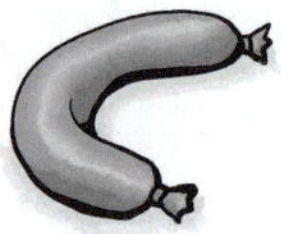
Wurst

Saft

Milch

Brot

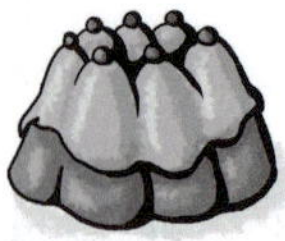
Kuchen

Torte

1 Nomen für Dinge finden

1 Unterstreiche in jedem Rahmen die beiden Nomen für Dinge.
Schreibe sie daneben auf.

Dinge im Kinderzimmer

MBPUPPEAFLINRAUTOE	Puppe	Auto
FBALLINPASNMURMELB	Ball	Murmel

Dinge im Schulranzen

RNHEFTAETORDNEREO	Heft	Ordner
NFTSTIFTFARADIERER	Stift	Radierer

Dinge im Kleiderschrank

SKLEIDFTNAMMANTELO	Kleid	Mantel
AHOSEDFGIKSOCKENO	Hose	Socken

Dinge in der Wohnung

Welches Wort habe ich versteckt?
Tisch
EHTISCHSL

1 Nomen ordnen

1 Ordne die Nomen passend zu.

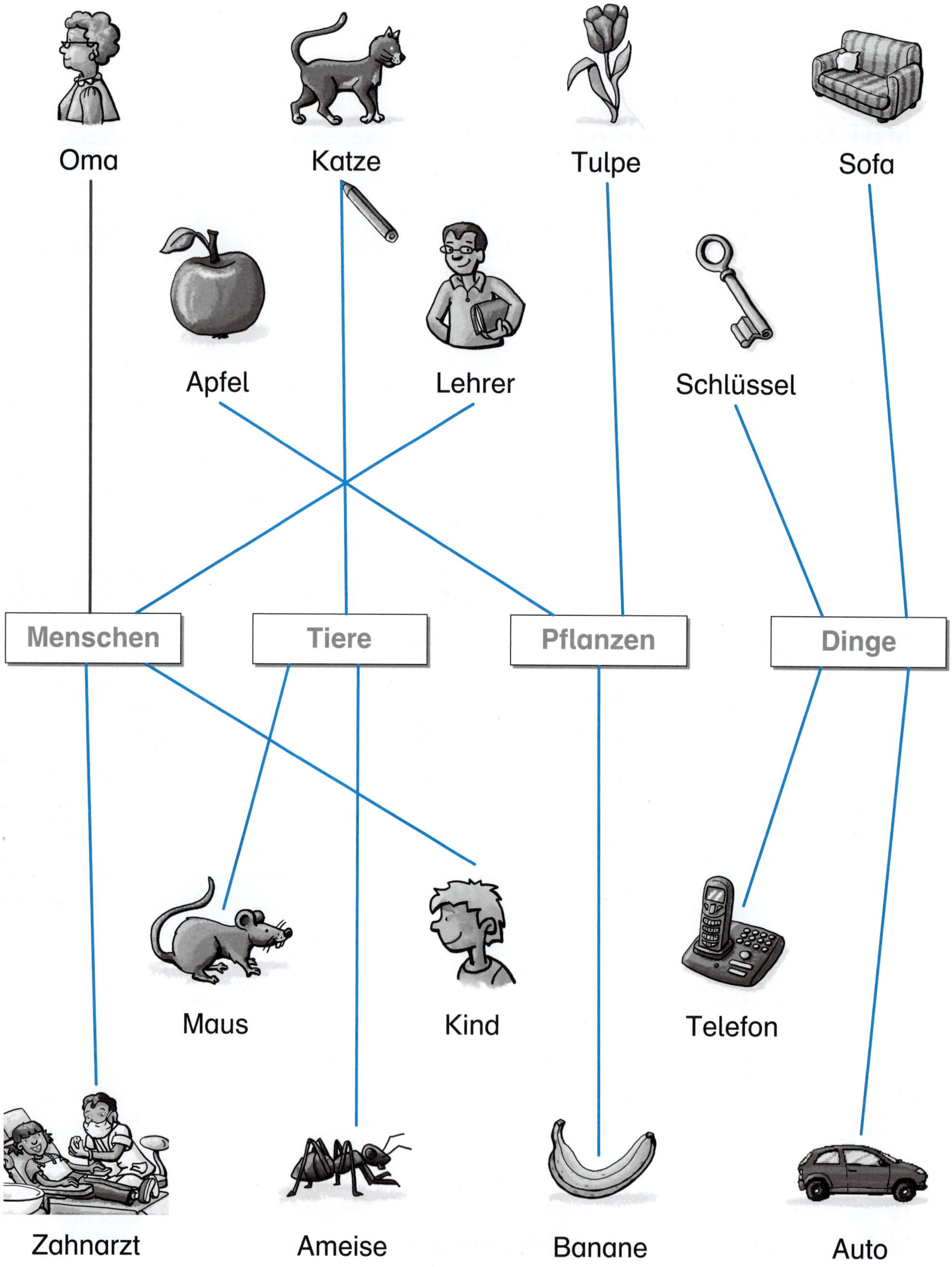

1 Passende Nomen ergänzen

1 Ordne die Nomen den passenden Spalten zu.

~~Freund~~ ~~Frosch~~ ~~Wiese~~ ~~Malerin~~

~~Bürste~~ ~~Getreide~~ ~~Fenster~~ ~~Hase~~

Menschen	Tiere
Freund	Frosch
Malerin	Hase
offene Lösung	offene Lösung
offene Lösung	offene Lösung

Pflanzen	Dinge
Wiese	Fenster
Getreide	Bürste
offene Lösung	offene Lösung
offene Lösung	offene Lösung

2 Finde für jede Spalte zwei weitere Nomen.

1 Nomen erkennen

1 Finde in jeder Zeile zwei Nomen und unterstreiche sie.

GÄRTNER	SCHNEIDEN	BRUDER	SPIELEN
SUCHEN	SCHERE	HANDSCHUHE	REGNEN
GRAS	KAUFEN	STECHEN	TOMATEN
WURM	FÜTTERN	VOGEL	LACHEN

2 Setze die Nomen aus Aufgabe **1** ein.

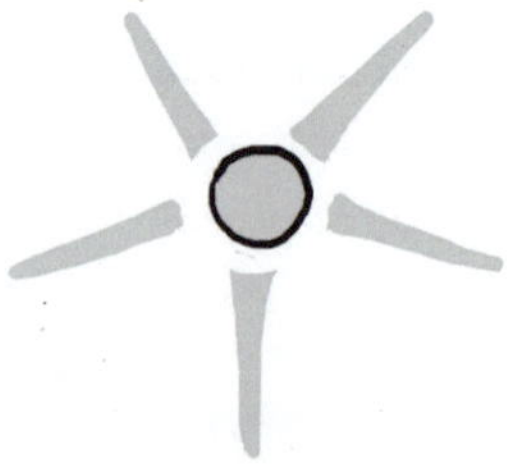

Mein Bruder ist Gärtner.

Heute schneidet er mit der Schere die Hecke.

Dabei trägt er dicke Handschuhe.

Morgen erntet er Tomaten

und mäht das Gras.

Ein Vogel sucht auf der

frisch gemähten Wiese einen Wurm.

Magst du schleimige Würmer?

2 Bestimmte Artikel kennen lernen

1

Nomen haben **bestimmte Artikel**:
der Traktor, **die** Kutsche, **das** Schiff.

1 Schreibe unter jedes Bild das passende Nomen mit Artikel.
Unterstreiche den Artikel.

~~der Traktor~~ ~~die Bahn~~ ~~der Bagger~~ ~~das Flugzeug~~

~~das Schiff~~ ~~das Auto~~ ~~die Kutsche~~

der Traktor

das Auto

die Kutsche

der Bagger

die Bahn

das Schiff

das Flugzeug

2 Bestimmte Artikel und Nomen zuordnen

1 Ordne die Nomen nach ihrem Artikel.

Elefant	Katze	Pferd	Rüssel	Milch	Tatze
Zahn	Ohr	Hummel	Fell	Schwanz	Bein

der	die	das
der Elefant	die Katze	das Pferd
der Rüssel	die Milch	das Ohr
der Zahn	die Tatze	das Fell
der Schwanz	die Hummel	das Bein

2 Verbinde passend. Unterstreiche in jedem Satz den Artikel.

Die Katze

Vier Hufeisen

Wenn die Hummel

Mit seinem Rüssel

trompetet der Elefant.

fliegt, brummt sie.

trinkt gerne Milch.

braucht das Pferd.

2 Unbestimmte Artikel kennen lernen

1

Nomen haben auch **unbestimmte Artikel**:
ein Messer, **eine** Gabel.

1 Unterstreiche die Nomen in der passenden Farbe.

Messer	Gabel	Topf	Deckel	Löffel	Schüssel

ein **eine**

Teller	Glas	Pfanne	Tasse	Brett	Kuchenform

2 Welche Dinge aus **1** sind in der Spülmaschine?
Schreibe die Wörter mit dem unbestimmten Artikel.

ein Deckel	ein Glas
ein Topf	ein Teller
ein Messer	eine Gabel
ein Löffel	eine Pfanne
eine Tasse	eine Schüssel

2 Artikel eintragen

1 Der, die oder das? Trage die bestimmten Artikel ein.

Um 7 Uhr läutet der Wecker. Lea steht auf.

Sie geht in das Badezimmer, dann in die Küche.

Mutter hat das Frühstück schon vorbereitet.

Lea holt noch die Marmelade.

Nach dem Frühstück fällt ihr ein,

dass der Schulranzen noch nicht gepackt ist.

Jetzt aber schnell! Bald fängt die Schule an.

Ob Lea daran denkt, das Turnzeug mitzunehmen?

2 All dies ist in Leas Schultasche.
Schreibe die Nomen mit dem unbestimmten Artikel.

das Heft	die Trinkflasche
ein Heft	eine Trinkflasche
das Buch	**das Pausenbrot**
ein Buch	ein Pausenbrot
der Ordner	**der Farbkasten**
ein Ordner	ein Farbkasten

3 Mehrzahlwörter mit -e

> Nomen gibt es in der **Einzahl** und in der **Mehrzahl**.
> Der Artikel von Mehrzahlwörtern ist **die**:
> der Arm – die Arme, das Bein – die Beine.

1 Verbinde Einzahl und Mehrzahl.

| der Arm | der Ring | das Bein | der Kopf |

| der Strumpf | der Hals | der Schuh |

| die Arme | die Ringe | die Köpfe |

| die Strümpfe | die Hälse | die Beine | die Schuhe |

2 Zähle genau. Trage die Zahl und das Mehrzahlwort ein.
Anna und Sara sind Zwillinge. Zusammen haben sie:

2 Hälse 4 Beine

4 Arme 2 Ringe

2 Köpfe 4 Strümpfe

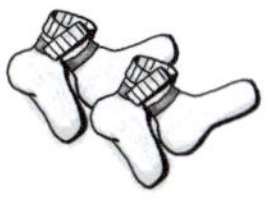

4 Schuhe 1 Geburtstag

3 Mehrzahlwörter mit -n

1 Unterstreiche alle Mehrzahlwörter.
Kreuze das passende Bild an.

Zwei Jungen laufen an einem Frühlingstag durch die Gegend.
Beide tragen karierte Hosen, Brillen, Mützen und Jacken.
Am Wegrand beobachten sie kleine Schnecken zwischen den Blumen.
Die Fliegen fliegen, die Wolken spiegeln sich im Wasser
und die Enten schauen die Jungen neugierig an.

2 Ergänze die Einzahlwörter.

viele	eine	viele	eine
Blumen	Blume	Mützen	Mütze
Enten	Ente	Jacken	Jacke
Fliegen	Fliege	Brillen	Brille
Hosen	Hose	Wolken	Wolke

3 Mehrzahlwörter mit -er

1

1 Trage das Nomen in der Mehrzahl ein.
Verbinde jedes Bild mit dem passenden Satz.

Lea hat ein schönes Bild gemalt.
Lea hat viele schöne Bilder gemalt.

Mama hat ein neues Kleid gekauft.
Mama hat zwei neue Kleider gekauft.

Tim hat ein Buch ausgeliehen.
Tim hat drei Bücher ausgeliehen.

Papa hat ein Spiegelei gebraten.
Papa hat vier Spiegeleier gebraten.

2 Ordne die Nomen für Dinge aus **1**.

Einzahl	Mehrzahl
das Bild	die Bilder
das Kleid	die Kleider
das Buch	die Bücher
das Spiegelei	die Spiegeleier

Mehrzahlwörter ohne Veränderung

1 Verbinde Einzahl und Mehrzahl.

das Kissen	die Teller
der Teller	die Kissen
der Beutel	die Dackel
das Fenster	die Ferkel
der Dackel	die Beutel
das Ferkel	die Fenster

2 Schreibe unter jedes Bild das Mehrzahlwort.

die Esel

die Messer

die Besen

die Tiger

die Igel

die Eimer

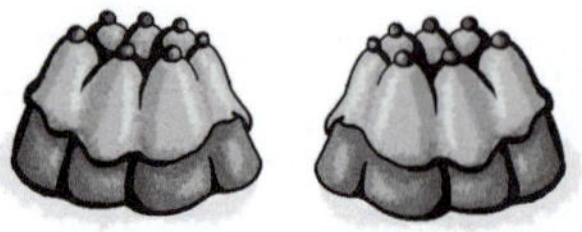
die Kuchen

die Würfel

die Fenster

3 Einzahlwörter und Mehrzahlwörter

1

1 Ergänze die Tabelle.

Einzahl	Mehrzahl
das Kind	die Kinder
das Haar	die Haare
das Gesicht	die Gesichter
das Ohr	die Ohren
die Nase	die Nasen
die Lippe	die Lippen
der Hals	die Hälse
die Schulter	die Schultern
der Bauch	die Bäuche

3 Unterschiedliche Mehrzahlwörter

1 Male alle Kärtchen mit Nomen in der Mehrzahl aus.

die Blätter	die Eule	die Wolken	der Freund
das Kind	die Straßen	die Schere	
die Telefone	der Fisch	die Puppe	die Pflanzen
das Wort	die Vögel	die Tassen	

2 Schreibe die Einzahlwörter aus **1** mit dem passenden Mehrzahlwort.

die Eule – die Eulen

der Freund – die Freunde

das Kind – die Kinder

die Schere – die Scheren

der Fisch – die Fische

die Puppe – die Puppen

das Wort – die Wörter

Heft 1, Seite 26
das Blatt – die Blätter
die Wolke – die ...
...

4 Verben kennen lernen

1

Verben sagen, was Menschen, Tiere, Pflanzen und Dinge tun:
essen, schlafen, trinken, wachsen.

1 Schreibe unter jedes Bild das passende Verb.

~~sitzen~~ ~~schlafen~~ ~~trinken~~ ~~schneiden~~

~~essen~~ ~~malen~~ ~~lesen~~ ~~rechnen~~

essen

schlafen

trinken

malen

sitzen

lesen

rechnen

schneiden

4 Passende Verben auswählen

1 Streiche das falsche Verb durch.
Schreibe den Satz auf.

Happy Birthday, lieber Ti – im, …

Am Morgen | ~~schläft~~ | erwacht | Tim.

Am Morgen erwacht Tim.

Die Eltern | umarmen | ~~beobachten~~ | ihn.

Die Eltern umarmen ihn.

Auf dem Tisch | ~~sitzen~~ | liegen | Geschenke.

Auf dem Tisch liegen Geschenke.

Die Kerzen | brennen | ~~rauchen~~ | hell.

Die Kerzen brennen hell.

Tim

Auch in der Schule | feiern | ~~turnen~~ | die Kinder.

Auch in der Schule feiern die Kinder.

Nachmittags | ~~gehen~~ | kommen | Tims Freunde.

Nachmittags kommen Tims Freunde.

4 Verben zusammensetzen

1 Finde die passenden Silben.
Schreibe das Verb zum Bild.

~~krä-~~	~~bel-~~	~~schnat-~~
~~len~~	~~tern~~	~~hen~~

~~zwit-~~	~~piep-~~	~~qua-~~
~~ken~~	~~schern~~	~~sen~~

krähen

bellen

schnattern

piepsen

zwitschern

quaken

2 Verbinde sinnvoll.
Unterstreiche in jedem Satz das Verb.

Die Ente	piepst vor Angst.
Der Hund	schnattert auf der Wiese.
Die Maus	bellt den Briefträger an.
Der Vogel	quakt und quakt.
Der Hahn	zwitschert hoch im Baum.
Der Frosch	kräht Kikeriki.

Heft 1, Seite 29
Die Ente schnattert ...
Der Hund bellt ...
Die Maus ...

1 Ordne die Verben passend zu.

~~duschen~~ ~~fahren~~ ~~bremsen~~ ~~schwimmen~~

~~hupen~~ ~~abtrocknen~~ ~~klingeln~~ ~~tauchen~~

Im Schwimmbad	Auf der Straße
duschen	fahren
schwimmen	bremsen
abtrocknen	hupen
tauchen	klingeln

2 Trage passende Verben ein.

Auf dem Spielplatz
 schaukeln
 wippen
 klettern
 rutschen

Verben erkennen

1 Unterstreiche in jedem Rahmen das Verb.

BESEN	KEHREN
WÄSCHE	BÜGELN
LAPPEN	PUTZEN
BRATEN	PFANNE
BACKEN	KUCHEN
HERD	KOCHEN
BEZIEHEN	BETT

2 Trage die Wörter aus Aufgabe 1 in die Tabelle ein.

	Nomen	Verben
	Besen	kehren
	Lappen	putzen
	Herd	kochen
	Wäsche	bügeln
	Pfanne	braten
	Bett	beziehen
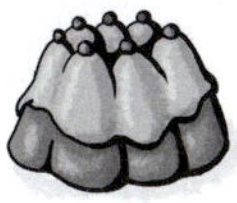	Kuchen	backen

4 Verben in der Ich-Form

1 Was machst du gern? Was nicht?
Schreibe passende Sätze auf.

Ich faulenze gern.

spielen

naschen

bauen

Das mache ich gern:

Ich offene Lösung

Ich offene Lösung

offene Lösung

baden

kochen

Das mache ich nicht gern:

Ich offene Lösung

offene Lösung

offene Lösung

lesen

lalala
singen

malen

rennen

schreiben

telefonieren

4 Verben in der Er-Form und Sie-Form

1

1 Setze die Verben in der richtigen Form ein.

kochen	Tim kocht Nudeln.
gießen	Er gießt das Wasser durch das Sieb.
füllen	Er füllt die Nudeln in eine Form.
braten	Er brät die Pilze.
mischen	Er mischt die Nudeln und die Pilze.
reiben	Er reibt den Käse über die Nudeln.
schieben	Er schiebt die Form in den Ofen.

verrühren	Lisa verrührt Eier, Butter und Zucker.
sieben	Sie siebt das Mehl in die Schüssel.
kneten	Sie knetet den Teig.
rollen	Sie rollt den Teig aus.
schneiden	Sie schneidet die Äpfel.
legen	Sie legt die Äpfel auf den Teig.
backen	Sie bäckt den Kuchen im Ofen.

1 Ergänze die Sprechblasen.

Ich tanze gern.

Wir tanzen auch gern.

Ich spiele Fußball.

Wir spielen auch Fußball.

Ich schwimme supergut.

Wir schwimmen auch supergut.

Ich baue ein Baumhaus.

Wir bauen auch ein Baumhaus.

Unterschiedliche Verbformen ergänzen

1 Ergänze die Tabelle.

sagen	fragen	spielen
ich sage	ich frage	ich spiele
du sagst	du fragst	du spielst
er sagt	er fragt	er spielt
wir sagen	wir fragen	wir spielen
ihr sagt	ihr fragt	ihr spielt
sie sagen	sie fragen	sie spielen

2 Schreibe jedes Verb in der passenden Form.

Tim und Lisa spielen [spielen] oft tolle Spiele miteinander.

Tim spielt [spielen] am liebsten Verstecken. Lisa mag Mau-Mau.

Heute fragt [fragen] Tim: „Lisa, spielst [spielen] du mit mir Quartett? Ich habe eines mit den schnellsten Autos der Welt.“

Lisa sagt [sagen]: „Und dann spielen [spielen] wir Mau-Mau.

Denn da gewinne [gewinnen] ich!“

4 Unterschiedliche Verbformen bilden

1 Würfle mit zwei Würfeln.
Bilde die passenden Verbformen.

- ⚀ ich
- ⚁ du
- ⚂ er, sie
- ⚃ wir
- ⚄ ihr
- ⚅ sie

- ⚀ spielen
- ⚁ lesen
- ⚂ bauen
- ⚃ singen
- ⚄ malen
- ⚅ hüpfen

Ich lese. ⚀ ⚁

⚂ ⚀	er spielt			offene Lösung
	offene Lösung			offene Lösung
	offene Lösung			offene Lösung
	offene Lösung			offene Lösung
	offene Lösung			offene Lösung
	offene Lösung			offene Lösung
	offene Lösung			offene Lösung

4 Unterschiedliche Verbformen einsetzen

1

1 Setze die passende Verbform ein.
Finde zu jedem Absatz das richtige Bild.

1 Lea sitzt [sitzen] am Beckenrand und wartet [warten] auf ihre Freundin Anne.

2 Tim hat einen Ball. Er fragt [fragen]: „Hallo, spielst [spielen] du mit mir?“ Aber Lea taucht [tauchen] lieber nach Ringen.

3 Anne sitzt [sitzen] oben auf der großen Tunnelrutsche und ruft [rufen]: „Achtung, ich rutsche [rutschen] jetzt!“

4 Als Anne wieder auftaucht, sagt [sagen] Lea: „Toll, was du dich traust [trauen]! Anne, rutschen [rutschen] wir zusammen?“

5 Anne gibt [geben] Lea die Hand. Sie gehen [gehen] zur Rutsche.

5 Adjektive kennen lernen

Adjektive sagen, wie etwas ist:
nass, rund, lang.

1 Schreibe unter jedes Bild das passende Adjektiv.

~~nass~~ ~~rund~~ ~~lang~~ ~~grün~~ ~~kaputt~~
~~schief~~ ~~schmutzig~~ ~~scharf~~ ~~gelb~~ ~~dick~~

grün

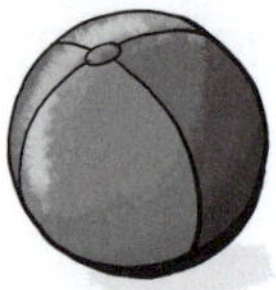
rund

scharf

kaputt

dick

lang

nass

gelb

schief

schmutzig

Heft 1, Seite 38
Das Blatt ist grün.
Der Ball ist rund.
...

1 Verbinde Nomen und Adjektive passend zum Bild.
Schreibe Sätze mit den Wortpaaren.

Tasche	rot
Pullover	braun
Hose	grau
Mantel	grün

Haare	blau
Augen	schwarz
Knöpfe	lockig
Stiefel	rund

Die Tasche ist braun.

Der Pullover ist rot.

Die Hose ist grün.

Der Mantel ist grau.

Die Haare sind lockig.

Die Augen sind blau.

Die Knöpfe sind rund.

Die Stiefel sind schwarz.

Er trägt eine blaue Hose, einen roten Pulli. Seine Haare sind blond.
Das ist Jan.

5 Gegensatzpaare finden

1 Verbinde mit dem passenden Gegensatzwort.

Lola ist nicht dumm, sondern schlau.

Zucker ist nicht sauer, sondern	nass.
Wasser ist nicht trocken, sondern	heiß.
Feuer ist nicht kalt, sondern	hell.
Federn sind nicht schwer, sondern	leicht.
Licht ist nicht dunkel, sondern	süß.

2 Verbinde die Gegensatzpaare.
Schreibe die Gegensatzwörter auf.

voll, gesund, leer, krank

süß, stark, schwach, sauer

richtig, dick, falsch, dünn

groß, viel, klein, wenig

voll – leer	gesund – krank
süß – sauer	stark – schwach
richtig – falsch	dick – dünn
groß – klein	viel – wenig

❶ Verbinde jedes Bild mit dem passenden Adjektiv.

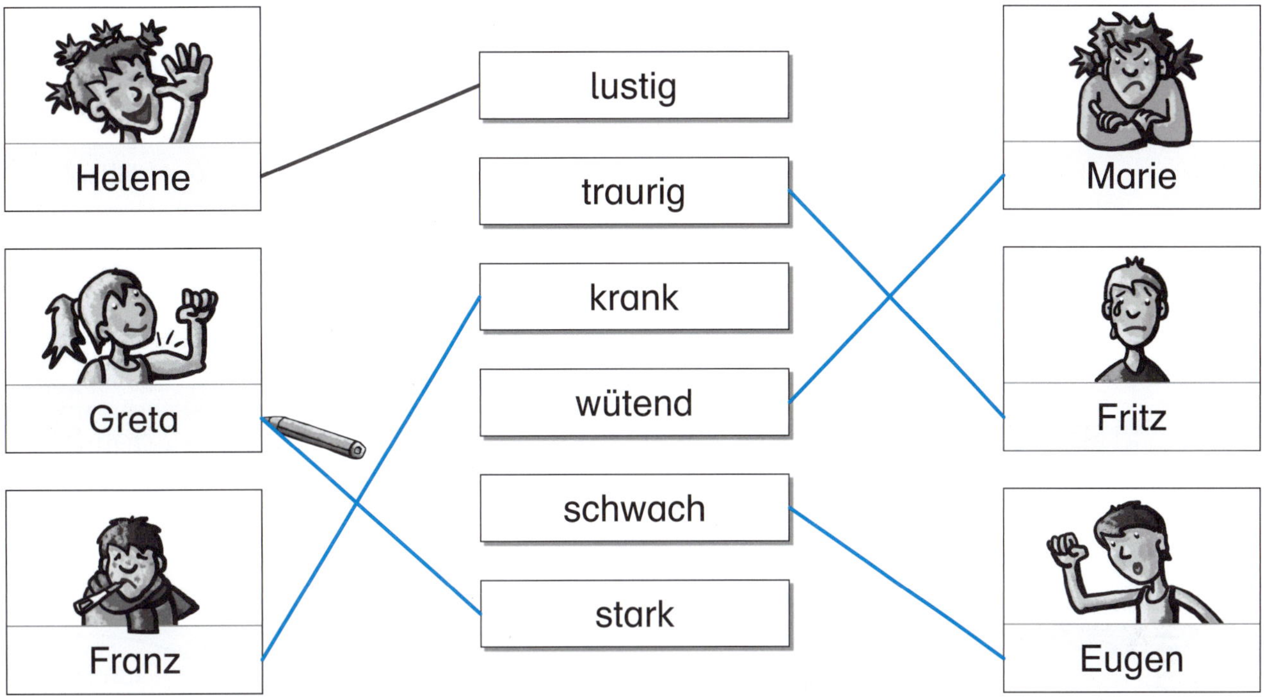

❷ Schreibe die Adjektive aus ❶ vor die Nomen.

die lustige Helene

die starke Greta

der kranke Franz

die wütende Marie

der traurige Fritz

der schwache Eugen

Ich bin die hübsche Lola!

Lernportion 5: Adjektive

5 Adjektive passend auswählen

1 Schreibe zu jeder Form vier passende Adjektive.

gelb	rot	grün	blau
klein	groß	leer	gefüllt
rund	dreieckig	viereckig	

Ich habe tolle Adjektive: Mein Umhang ist orange, mein Hut ist spitz und mein Kragen ist grün.

○ blau, klein, leer, rund

● grün, groß, gefüllt, rund

□ rot, klein, leer, viereckig

△ gelb, klein, leer, dreieckig

▲ grün, groß, gefüllt, dreieckig

■ gelb, klein, gefüllt, viereckig

1 Unterstreiche die Adjektive. Löse die Rätsel.

Es ist lang,
es ist spitz,
man schreibt damit.
Es ist ein Bleistift.

Es ist rund,
es ist hohl,
es kann hüpfen.
Es ist ein Ball.

2 Schreibe selbst zwei Rätsel.

Es ist offene Lösung,
es ist offene Lösung,
offene Lösung.
Es ist ein offene Lösung.

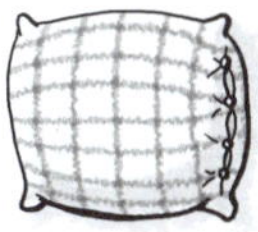

Es ist offene Lösung,
offene Lösung,
offene Lösung.
offene Lösung.

Es ist weiß, es ist flüssig, ich trinke es zum Frühstück.
Milch!

5 Adjektive erkennen

1 Schreibe zu jedem Bild einen Satz. Unterstreiche das Adjektiv.

TIM | SITZEN | RIESIG | ZIRKUSZELT

Tim sitzt im riesigen Zirkuszelt.

CLOWN | MACHEN | LUSTIG | GESICHT

Der Clown macht ein lustiges Gesicht.

DIREKTOR | KNALLEN | LANG | PEITSCHE

Der Direktor knallt mit der langen Peitsche.

ZAUBERER | HALTEN | SPITZ | HUT | HAND

Der Zauberer hält seinen spitzen Hut in der Hand.

SEILTÄNZERIN | TRAGEN | HÜBSCH | KOSTÜM

Die Seiltänzerin trägt ein hübsches Kostüm.

Für Nomen, die zusammengehören, gibt es einen **Oberbegriff:**
Spielzeug, Werkzeug.

1 Unterstreiche Spielzeuge und Werkzeuge in der passenden Farbe.

Hammer | Bohrer

Ball | Puppe | Säge

Spielzeug | Werkzeug

Zange | Teddy | Eisenbahn

Piratenschiff | Schere

2 Setze die Nomen für Werkzeuge ein.

 Mit dem Hammer kann man Nägel einschlagen.

 Mit der Zange kann man ein Stück Draht abzwicken.

 Mit der Schere kann man etwas auseinanderschneiden.

 Mit dem Bohrer kann man ein Loch bohren.

 Mit der Säge kann man einen Ast absägen.

6 Nomen zu Oberbegriffen finden

1 Ein Nomen in jeder Zeile passt nicht. Streiche es durch.

	Wurst	Salami	Wiener	~~Quark~~	Leberwurst
	Backwaren	Brot	~~Pudding~~	Brezel	Kuchen
	Milchprodukte	Jogurt	Käse	~~Salat~~	Quark
	Nachtisch	Pudding	Eis	~~Spinat~~	Obstsalat

2 Schreibe passende Nomen.

Gemüse: offene Lösung

Obst: offene Lösung

Getränke: offene Lösung

6 Wortfelder kennen lernen

1

Wörter mit einer ähnlichen Bedeutung bilden ein **Wortfeld:**
sagen, flüstern, erzählen.

1. Unterstreiche die Verben in der passenden Farbe.

schauen | sagen | beobachten
erzählen | rufen | blicken

Wortfeld sprechen | **Wortfeld sehen**

gucken | brüllen | betrachten
flüstern | reden

2. Unterstreiche die Verben des Wortfelds **sprechen** rot.
Unterstreiche die Verben des Wortfelds **sehen** grün.

Tim und Lisa entdecken auf dem Gehweg einen großen schwarzen Käfer. Sie betrachten ihn genau und beobachten, wie er schnell in Richtung Straße krabbelt. „Halt, pass auf!“, ruft Lisa, als ein anderes Kind sich nähert. „Wir müssen ihn retten“, sagt Tim. Er nimmt den Käfer vorsichtig auf die Hand und trägt ihn auf die Wiese. Zu Hause erzählen die beiden von ihrem Erlebnis. Die Mutter lobt: „Das habt ihr gut gemacht.“

6 Verben nach Wortfeldern sortieren

1 Ordne die Verben dem passenden Wortfeld zu.

~~falten~~ ~~speisen~~ ~~schrubben~~ ~~zeichnen~~

~~futtern~~ ~~kehren~~ ~~wischen~~ ~~abstauben~~

~~schneiden~~ ~~kleben~~ ~~frühstücken~~ ~~verzehren~~

Wortfeld **essen**	Wortfeld **basteln**	Wortfeld **putzen**
speisen	falten	schrubben
futtern	zeichnen	kehren
frühstücken	schneiden	wischen
verzehren	kleben	abstauben

2 Setze Verben aus dem Wortfeld **basteln** ein.

Tim faltet ein Blatt Papier zweimal.

Er schneidet eine Zacke heraus.

Er klebt die Blüte auf ein Blatt.

Er zeichnet einen Stiel und Blätter.

6 Verben eines Wortfeldes zuordnen

1 Ergänze passende Verben.

~~wandern, spazieren~~		~~springen, humpeln~~
	Wortfeld gehen	
~~rennen, sausen~~		~~schleichen, huschen~~

durch die Landschaft **gehen:** wandern, spazieren

ungleichmäßig **gehen:** springen, humpeln

schnell **gehen:** rennen, sausen

leise **gehen:** schleichen, huschen

2 Setze in jedem Satz ein Verb aus 1 ein. Verwende die passende Endung.

Zuerst wandern wir durch Felder und Wiesen.

Uli verstaucht sich den Fuß. Er humpelt aber tapfer weiter.

Am Waldrand entdecken wir eine Burg. Alle rennen los.

Plötzlich bleibt Tim stehen. Wie ein Indianer schleicht er sich an.

In großen Sätzen hüpft eine Erdkröte davon.

6 Mit Wortfeldern und Oberbegriffen umgehen

1 Ein Verb in jeder Zeile passt nicht. Streiche es durch.

Wortfeld **essen**	schmatzen	kauen	~~schnarchen~~	schlürfen
Wortfeld **musizieren**	flöten	~~träumen~~	trommeln	singen
Wortfeld **malen**	~~dösen~~	zeichnen	tuschen	anstreichen
Wortfeld **streiten**	zanken	kämpfen	raufen	~~schlummern~~

2 Schreibe die durchgestrichenen Wörter aus **1** auf.
Finde das Wortfeld.

schnarchen, träumen,
dösen, schlummern

Wortfeld
schlafen

3 Finde passende Nomen.

Berufe: offene Lösung

Blumen: offene Lösung

Spielzeug: offene Lösung

Haustiere: offene Lösung

7 Zusammengesetzte Nomen kennen lernen

Zusammengesetzte Nomen schreibt man nur am Wortanfang groß: Apfelkuchen, Nusskuchen.

1 Schreibe die zusammengesetzten Nomen.

Kuchen
- Teller → Kuchenteller
- Form → Kuchenform
- Teig → Kuchenteig
- Gabel → Kuchengabel

Erdbeervanillenusseis ist auch ein zusammengesetztes Nomen.

- Apfel → Apfelkuchen
- Käse → Käsekuchen
- Nuss → Kuchen → Nusskuchen
- Mohn → Mohnkuchen

Heft 1, Seite 51
Brot: Butterbrot, Käsebrot, …

Suppe: …

7 Zusammengesetzte Nomen bilden

1 Verbinde passend. Schreibe die einzelnen Nomen und die zusammengesetzten Nomen.

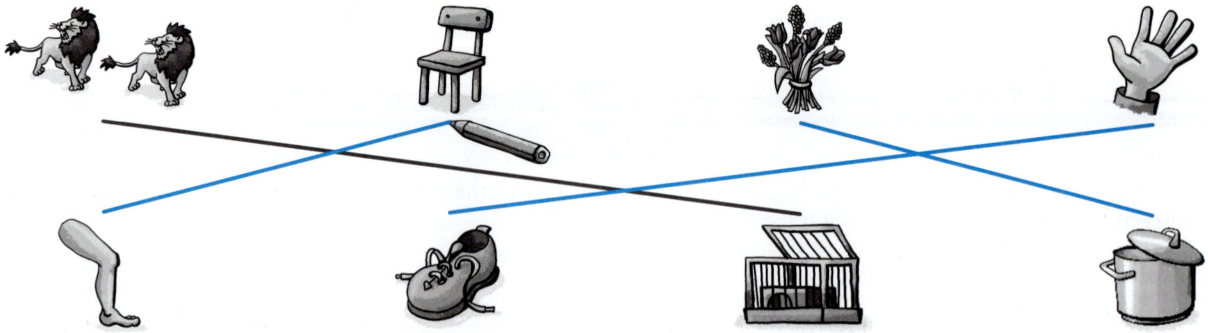

die Löwen, der Käfig – der Löwenkäfig

der Stuhl, das Bein – das Stuhlbein

die Blumen, der Topf – der Blumentopf

die Hand, der Schuh – der Handschuh

2 Verbinde passend.
Unterstreiche die zusammengesetzten Nomen.

Mein Vogel ist aus	auf die Stuhllehne.
Fast hätte er dabei	seinem Vogelkäfig entwischt.
Jetzt fliegt er	steht ein Hausschuh direkt unter ihm.
Zum Glück	die Blumenvase umgeworfen.

7 Zusammengesetzte Nomen trennen

★ 1

1 Trenne die zusammengesetzten Nomen durch einen Strich.
Schreibe die einzelnen Nomen mit ihrem Artikel.

Regen|tropfen	der Regen, der Tropfen
Regen|wasser	der Regen, das Wasser
Regen|schirm	der Regen, der Schirm
Schnee|flocke	der Schnee, die Flocke
Schnee|ball	der Schnee, der Ball
Schnee|anzug	der Schnee, der Anzug
Wind|mühle	der Wind, die Mühle
Wind|rad	der Wind, das Rad
Wind|jacke	der Wind, die Jacke

7 Vorsilben ver- und vor- ergänzen

Vorsilben verändern die Bedeutung von Wörtern:
schreiben, **ver**schreiben, **vor**schreiben.

1 Was passt? Setze die Vorsilben **ver-** und **vor-** ein.

sich nach einem Streit __vertragen__

ein Gedicht __vortragen__

jemanden in der Schlange __vor__lassen

das Haus __ver__lassen

sich im Wald __ver__laufen

zur Tafel __vor__laufen

die Stimme __ver__stellen

die Freundin __vor__stellen

sich im Heft __ver__schreiben

jemandem etwas __vor__schreiben

ein Gedicht __vor__sprechen

einem Freund etwas __ver__sprechen

> Ich bin witzig und vorwitzig, laut und vorlaut, lieb und verliebt.

Heft 1, Seite 54
Verben mit ver-:
vertragen, …
Verben mit vor-:
vortragen, …

Verben mit Vorsilben einsetzen

1 Setze passende Verben mit **ein-** und **aus-** ein.

ein- | aus-

schlafen | packen | schalten

Manchmal kann ich am Abend nicht einschlafen.

Dann möchte ich am nächsten Morgen ausschlafen.

Vor der Sendung werde ich den Fernseher einschalten.

Nach der Sendung muss ich ihn ausschalten.

Vor der Abreise müssen wir unsere Sachen einpacken.

Nach dem Urlaub werden wir sie wieder auspacken.

2 Finde zu jeder Vorsilbe zwei passende Verben.

~~fehlen~~ ~~reißen~~ ~~fahren~~

~~teilen~~ ~~grüßen~~ ~~holen~~

be-	zer-	über-
befehlen	zerreißen	überfahren
begrüßen	zerteilen	überholen

7 Eine Wortpyramide lesen und schreiben

1 Lies die Wortpyramide.

Wald

Waldhexen

Waldhexenbesen

Waldhexenbesenstiel

Ich bin die Superzauberkreidenschwester!

2 Schreibe selbst eine Wortpyramide auf und male dazu.

Kräuter Hexen Nasen Warze

Monster Gift Schlangen Grube

Riesen Feuer Drachen Höhle

offene Lösung

offene Lösung

offene Lösung

8 Satzanfang und Satzende beachten

Der **Satzanfang** wird immer **großgeschrieben**.
Am **Satzende** steht ein **Satzzeichen:**
Die Ente schwimmt auf dem See. Kann sie fliegen? Aber ja!

1 Unterstreiche in jedem Satz den ersten Buchstaben.

Sofie hat im Garten einen Igel gesehen.
Sie wollte ihn anfassen.
Da rollte er sich zu einer Kugel zusammen.
Seine Stacheln waren ganz hart und spitz.

2 Hier fehlen die Satzzeichen.
Kennzeichne jedes Satzende mit einem Strich. Löse die Rätsel.

Wellensittich	Katze	Kaninchen	Hund

Mein Tier hat lange Ohren | Sein Schwanz ist kurz | Es frisst gerne Karotten | Welches Tier ist es |

Kaninchen

Mein Tier lebt in einem Käfig | Es hat zwei Flügel | Sein Schnabel ist spitz | Welches Tier ist es |

Wellensittich

Mein Tier geht gerne spazieren | Sein Fell ist lang | Es mag keine Katzen | Welches Tier ist es |

Hund

Mein Tier sieht nachts gut | Es jagt gerne Mäuse | Seine Tatzen haben Krallen | Welches Tier ist es |

Katze

8 Aussagesätze kennen lernen

In einem **Aussagesatz** wird etwas erzählt oder erklärt.
Am Satzende steht ein **Punkt:**
Tim baut eine Sandburg.

1. Bilde Aussagesätze. Denke an den großen Buchstaben am Satzanfang und den Punkt am Satzende.

eine Sandburg | Tim | baut

Tim baut eine Sandburg.

ihm | seine kleine Schwester | hilft

Seine kleine Schwester hilft ihm.

legt | Papa | auf den Grill | Würstchen

Papa legt Würstchen auf den Grill.

Zeitung | liest | Mama

Mama liest Zeitung.

genießen | den Sommertag | alle

Alle genießen den Sommertag.

8 Satztreppen schreiben

1 Unterstreiche in jeder Reihe, was neu dazugekommen ist.

Tim liest.

Tim liest abends.

Tim liest abends mit der Taschenlampe.

Tim liest abends mit der Taschenlampe unter der Bettdecke.

2 Schreibe Satztreppen. Setze an jedem Satzende einen Punkt.

Lea träumt	oft	vom Urlaub	am Meer

Lea träumt.

Lea träumt oft.

Lea träumt oft vom Urlaub.

Lea träumt oft vom Urlaub am Meer.

Imo schläft	immer	im Korb	an der Tür

Imo schläft.

Imo schläft immer.

Imo schläft immer im Korb.

Imo schläft immer im Korb an der Tür.

8 Fragesätze kennen lernen

Ein Satz, mit dem man etwas fragt, heißt **Fragesatz.**
Danach steht ein **Fragezeichen:**
Wie alt sind Sie? Wo wohnst du?

1. Lea stellt ihrer Lehrerin Fragen für die Schülerzeitung.
Trage bei den Antworten die passenden Zahlen ein.

Fragen	Antworten
1 Wie alt sind Sie?	3 Ja, ich habe zwei Söhne.
2 Wo wohnen Sie?	1 Ich bin 45 Jahre alt.
3 Haben Sie Kinder?	2 Ich wohne in einem alten Bauernhaus.
4 Was machen Sie in Ihrer Freizeit am liebsten?	5 Meine Ferien verbringe ich gerne am Meer.
5 Wohin fahren Sie in den Urlaub?	4 Am liebsten gehe ich tanzen oder treibe Sport.

8 Punkte und Fragezeichen ergänzen

1

1 Setze am Satzende einen Punkt oder ein Fragezeichen ein.

In welcher Jahreszeit kann man Schlitten fahren [?]

Was ist Schnee [?]

Schnee ist Wasser, das zu Eiskristallen gefroren ist [.]

Kommt bei einem Gewitter zuerst der Donner oder der Blitz [?]

Woraus besteht Nebel [?]

Im Winter kann man Schlitten fahren [.]

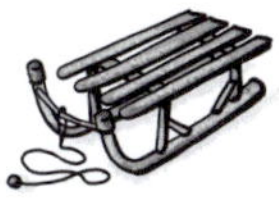

Zuerst blitzt es, dann folgt der Donner [.]

Woher kommen Wärme und Licht auf der Erde [?]

Wann entsteht ein Regenbogen [?]

Ein Regenbogen entsteht, wenn es regnet und gleichzeitig die Sonne scheint [.]

Die Strahlen der Sonne erwärmen und erhellen die Erde [.]

Nebel besteht aus winzigen Wassertropfen, die in der Luft schweben [.]

8 Fragesätze bilden

1. Schreibe die Fragen der Kinder beim Zoobesuch auf.
Sie wollen wissen:

- warum Elefanten keine Haare haben
- ob man auf den Elefanten reiten kann
- wie alt Elefanten werden
- wie schwer ein Elefant ist
- ob Elefanten gerne baden
- ob Elefanten gefährlich sind
- was Elefanten fressen
- wo Elefanten leben

Warum haben Elefanten keine Haare?

Kann man auf den Elefanten reiten?

Wie alt werden Elefanten?

Wie schwer ist ein Elefant?

Baden Elefanten gerne?

Sind Elefanten gefährlich?

Was fressen Elefanten?

Wo leben Elefanten?

Wie komme ich wieder herunter?

Ausrufesätze kennen lernen

In einem **Ausrufesatz** wird etwas ausgerufen.
Danach steht ein **Ausrufezeichen:**
Achtung, ein Radfahrer! Hurra, endlich Ferien!

1 Ordne den Bildern die passenden Aufforderungen zu.

~~Hurra, endlich Ferien!~~ ~~Mmh, schmeckt das lecker!~~

~~Achtung, ein Radfahrer!~~ ~~Kommt, wir kaufen Eis!~~

~~Gute Reise, Frau Riedel!~~ ~~Toll, keine Hausaufgaben!~~

Hurra, endlich Ferien!

Toll, keine Hausaufgaben!

Gute Reise, Frau Riedel!

Kommt, wir kaufen Eis!

Achtung, ein Radfahrer!

Mmh, schmeckt das lecker!

8 Ausrufesätze bilden

1 Schreibe passende Ausrufesätze zu den Bildern.

~~Handys~~ ~~Schuhe~~ ~~Roller~~ ~~Wasser~~ ~~Eis~~ ~~Feuer~~

~~fahren~~ ~~tragen~~ ~~trinken~~ ~~essen~~ ~~anzünden~~ ~~benutzen~~

Handys benutzen verboten!

Schuhe tragen verboten!

Roller fahren verboten!

Wasser trinken verboten!

Eis essen verboten!

Feuer anzünden verboten!

Lola ärgern ist auch verboten!

2 Male und schreibe selber Verbote.

offene Lösung

offene Lösung

8 Satzzeichen einsetzen

1

1 Trage Punkte, Ausrufezeichen oder Fragezeichen ein.

Lea ist mit ihren Freundinnen im Schwimmbad [.]

Anne ruft: „Los, wir springen vom Dreimeterbrett [!]

Bist du schon mal gesprungen [?]“

Lea zittert und läuft langsam zur Treppe [.]

Sie klettert als Letzte hinauf [.]

Alle rufen aufgeregt durcheinander: „Wer springt zuerst [?]“

„Lea, hast du etwa Angst [?]“

„Du bist ein Feigling [!]“

„Los, spring schon [!]“

Leas Herz klopft wie verrückt [.]

Sie springt [.] Als sie auftaucht, sieht sie,

dass die anderen wieder heruntergeklettert sind [.]

Sie ruft: „Selber Feiglinge [!].“ Aber sie lacht dabei [.]

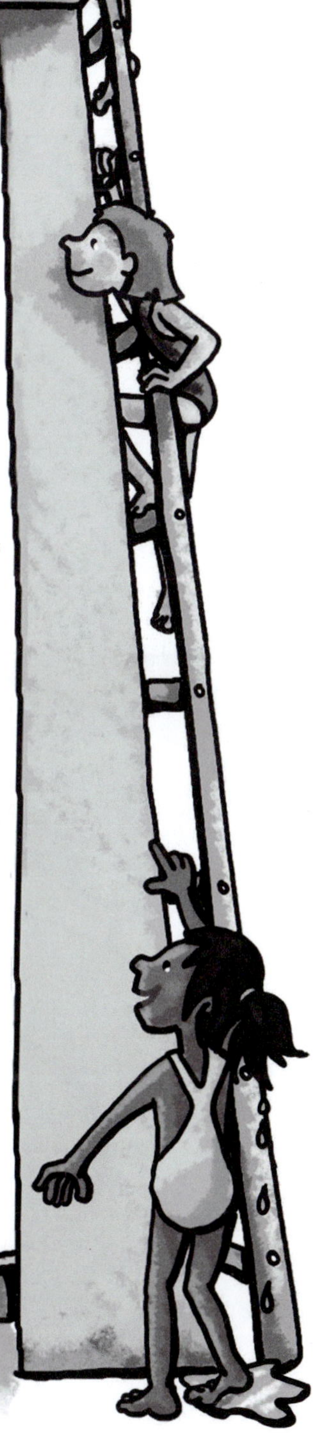

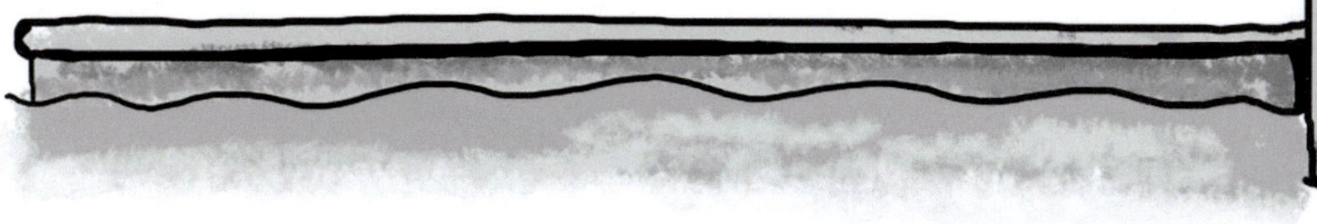

9 Wörterschlangen ergänzen

❶ Schreibe die Wörterschlangen weiter. Achte auf die Wortart.

9 Nomentreppen fortsetzen

1 Setze die Nomentreppen fort.

 Liebesbrief 

 Brieftauben 

 Taubeneier 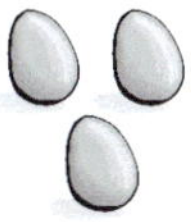

 Eieruhr 

 Uhrzeiger 

 Apfelbaum 

 Baumhaus 

 Haustür 

 Türschloss 

 Schlossgespenst 

9 Einen Zungenbrecher erfinden

1 Lege einen Anfangsbuchstaben fest. Sammle Wörter.
Schreibe einen Zungenbrecher und stelle ihn um.

W w

Nomen: Willi, Wiesel, Wäsche, Wind
Verben: waschen, wischen, winken, wollen
Adjektive: weiß, wunderbar, wach, wuselig

Zungenbrecher: Wiesel Willi wäscht wunderbar weiße Wäsche.

Nomen: offene Lösung

Verben: offene Lösung

Adjektive: offene Lösung

Zungenbrecher: offene Lösung

9 Teekesselwörter kennen lernen

1

1 Teekesselwörter haben unterschiedliche Bedeutungen.
Finde zu jedem Wort die beiden Bilder.
Male sie in der passenden Farbe aus.

Hahn
Schloss
Löwenzahn
Blatt

2 Zeichne zu jedem Wortkärtchen zwei Bilder.

Maus	Boxer

9 Ein Kreuzworträtsel lösen

1 Löse das Kreuzworträtsel.
Schreibe die Wörter in Großbuchstaben.

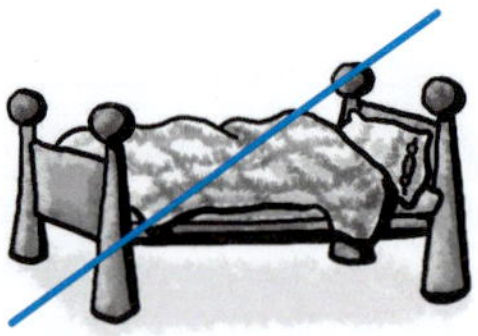

Schreibe von oben nach unten:

1 Es hat vier Räder.
4 Sie hat einen Henkel und man trinkt daraus.
5 Kinder essen sie gerne mit Tomatensoße.
6 Es ist rosa und quiekt.
8 Er hat einen Stamm, Äste und Blätter.

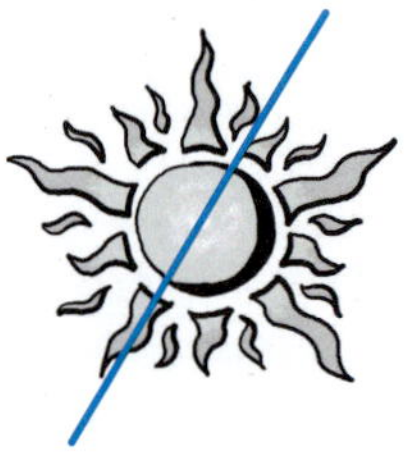

Schreibe von links nach rechts:

2 Du liest darin.
3 Nachts schläfst du darin.
5 Sie scheint vom Himmel.
7 Er ist süß und wird aus Teig gebacken.
9 Das Gegenteil von lustig.

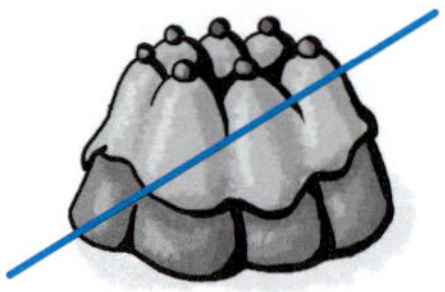

	1 A							
2 B	U	C	H		3 B	E	4 T	T
	T						A	
5 S	O	N	N	E			S	
P					6 S		S	
A			7 K	U	C	H	E	N
G					H			
E			8 B		W			
T			A		E			
9 T	R	A	U	R	I	G		
I			M		N			

9 Geheimschriften entschlüsseln

1 Entziffere die Geheimschriften.

D B S E N C L U R U H
U I T I S H A E F C S !

Lösung:

Du bist ein schlauer Fuchs!

!etieS etztel eid tsi seiD

Lösung:

Dies ist die letzte Seite!

A	B	C	D	E	F	G	H	I	J	K	L	M
1	2	3	4	5	6	7	8	9	10	11	12	13

N	O	P	Q	R	S	T	U	V	W	X	Y	Z
14	15	16	17	18	19	20	21	22	23	24	25	26

4 21 8 1 19 20 5 19
7 5 19 3 8 1 6 6 20 !

Lösung:

Du hast es
geschafft!

Lösungen zu Heft 2

Einsterns Schwester 2

Arbeitsheft 2
Richtig schreiben

Herausgegeben von
Roland Bauer
Jutta Maurach

Erarbeitet von
Katrin Baudendistel
Daniela Dreier
Alexandra Schwaighofer

Cornelsen

Inhaltsverzeichnis

Lernportion 1
Mit Silben arbeiten

- Wörter und Silbenbögen verbinden ... 5
- Silben schwingen ... 6
- Silbenkerne kennen lernen ... 7
- Silbenkerne eintragen ... 8
- Silben zusammensetzen ... 9
- Wörter in Silben zerlegen ... 10
- Wörter mit -el, -er ... 11
- Wörter mit -en ... 12
- Reimwörter erkennen ... 13
- Reimwörter finden ... 14
- Reimwörter bilden ... 15

Lernportion 2
Ein Laut – mehrere Buchstaben

- Wörter mit au ... 16
- Wörter mit ei ... 17
- Wörter mit eu ... 18
- Wörter mit au, ei und eu ... 19
- Wörter mit ch ... 20
- Wörter mit sch ... 21
- Wörter mit ng ... 22

Lernportion 3
Besondere Laute

- Wörter mit qu ... 23
- Wörter mit sp und st ... 24
- Wörter mit pf ... 25
- Wörter mit x ... 26
- Wörter mit v ... 27
- Wörter mit sp, st, qu, x und v ... 28

Lernportion 4
Das ABC

- Ein ABC-Gedicht kennen lernen ... 29
- Ein ABC-Gedicht aufschreiben ... 30
- Ein ABC-Gedicht erfinden ... 31
- Ein Tier-ABC schreiben ... 32
- Ein Verben-ABC ergänzen ... 34
- Selbstlaute und Mitlaute kennen lernen ... 35
- Wörter verwandeln ... 36
- Selbstlaute erkennen ... 37

Lernportion 5
Nachschlagen

- ★ Das ABC ergänzen 38
- ★ Das ABC üben 39
- ★ Nach dem ersten Buchstaben ordnen 40
- ★ Nach dem zweiten Buchstaben ordnen 41
- ★ Mit der Wörterliste umgehen 42
- ★ In der Wörterliste nachschlagen 43
- ☆ In der Wörterliste suchen 44

Lernportion 6
Kurze und lange Selbstlaute

- ★ Lange und kurze Selbstlaute 45
- ★ Wörter mit ie 46
- ☆ Wörter mit kurzem i 47
- ★ Wörter mit ie und kurzem i vervollständigen 48
- ★ Kurzer Selbstlaut und doppelter Mitlaut 49
- ★ Wörter mit ck 50
- ★ Wörter mit tz 51
- ★ Wörter mit doppeltem Mitlaut trennen 52
- ☆ Wörter mit ck, tz und doppeltem Mitlaut 53

Lernportion 7
Ableiten und verlängern

- ★ Nomen mit ä, ö, ü 54
- ★ Nomen mit ä ableiten 55
- ★ Nomen mit äu ableiten 56
- ☆ Verben mit ä und äu ableiten 57
- ★ Nomen mit d verlängern 58
- ★ Nomen mit g verlängern 59
- ★ Nomen mit ng und nk verlängern 60

Lernportion 8
Wortstamm und Wortfamilie

- ★ Wortfamilien kennen lernen 61
- ★ Wortfamilien erkennen 62
- ☆ Wortfamilien ergänzen 63
- ★ Wortstämme zuordnen 64
- ☆ Veränderte Wortstämme zuordnen 65
- ★ Veränderte Wortstämme erkennen 66

Lernportion 9
Merkwörter

M

- ★ Wörter mit doppeltem Selbstlaut 67
- ★ Wörter mit ß schreiben 68
- ☆ Wörter mit ß einsetzen 69
- ★ Wochentage 70
- ★ Monatsnamen und Jahreszeiten 71
- ☆ Zahlwörter 72
- Wörterliste 73

So kannst du mit den Heften arbeiten

Du machst alle
Seiten der Lernportion 1.

Zuerst im grünen Heft.

Dann im roten Heft.

Dann im gelben Heft.

Und dann im blauen Heft.

Danach machst du in
allen Heften die Lernportion 2.

Nun machst du in
allen Heften die Lernportion 3.

Genauso bearbeitest du
alle anderen Lernportionen.

1 Wörter und Silbenbögen verbinden

2

1 Verbinde mit den passenden Silbenbögen.

Lo la
Ist es jetzt richtig, Johanna?
Eis braucht nur einen Silbenbogen.
Eis
Schultasche
Lola

Tafel

Lola

Schultasche

Tisch

Pinsel

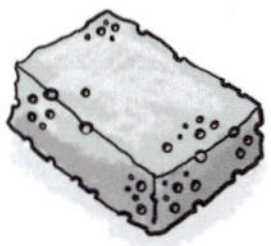
Schwamm

Silbenschwingen hilft mir beim richtigen Schreiben:
Silbenschwingen hilft mir beim richtigen Schreiben:
Stift, Sofa.

1 Sprich deutlich und zeichne die Silbenbögen. Schreibe die Wörter.

Tiger

Sofa

Fisch

Mantel

Stift

Krokodil

Wal

Tomate

das Krokodil
die Schultasche
der Schwamm
der Wal

1 Silbenkerne kennen lernen

2

1 Sprich deutlich und zeichne die Silbenbögen.
Ergänze die Silbenkerne a, e, i, o und u.

Pi rat

Re gen

Buch

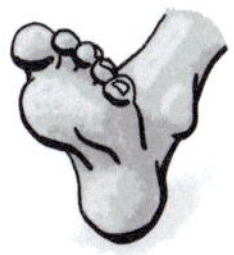

Fuß

Mond

Ha se

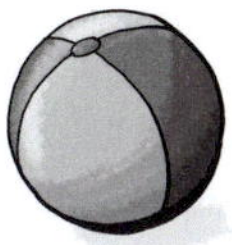

Ball

Schul ta sche

Blitz

Do mi no

Nu del

Re gal

Silbenkerne eintragen

1 Sprich deutlich und zeichne die Silbenbögen. Ergänze die Silbenkerne.

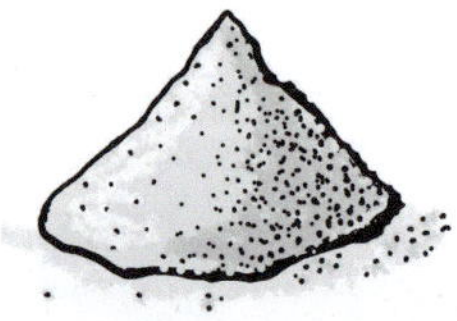

Sand

a

Vase

a e

Rakete

a e e

Melone

e o e

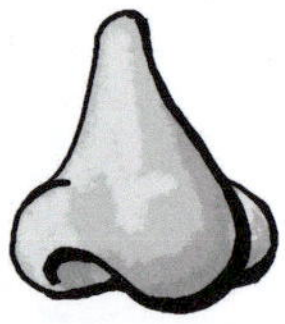

Nase

a e

Nuss

u

Pferd

e

Dose

o e

Hund

u

Lampe

a e

Tafel

a e

Blume

u e

Silben zusammensetzen

1 Verbinde passend.

Re	me
Blu	gal

 Regal

 Blume

Na	re
Sei	fe
Sche	gel

 Nagel

Seife

 Schere

2 Setze die Silben zusammen und schreibe die Wörter.

Ho	Stem	Zei
tung	pel	se

Re	Pi	Ta
rat	sche	gen

 Hose

 Stempel

 Zeitung

 Regen

 Pirat

 Tasche

1 Wörter in Silben zerlegen

1 Sprich deutlich und zeichne die Silbenbögen. Schreibe die Silben auf.

Nashorn — Nas | horn

Hase — Ha | se

Fisch — Fisch

Tiger — Ti | ger

Krokodil — Kro | ko | dil

Rabe — Ra | be

2 Schreibe die Wörter in Silben auf.

Bir | ne

To | ma | te

Sa | lat

Brot

Ba | na | ne

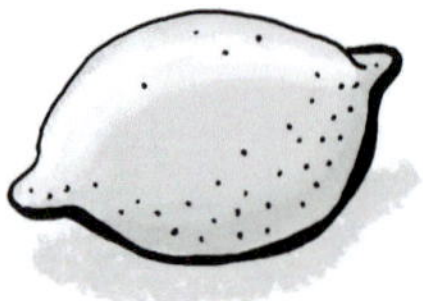

Zi | tro | ne

1 Wörter mit -el, -er

★ 2

❶ Verbinde und schreibe.

Hams — Sat — Lei — Man

ter — tel

Hamster

Leiter

Sattel

Mantel

❷ Zeichne die Silbenbögen und ergänze die Silbenkerne.
Schreibe die Wörter.

o u e
Computer

i e
Tiger

e e
Feder

a e
Mantel

a e
Nagel

der Computer
die Feder
der Mantel
der Nagel

Wörter mit -en

1 Verbinde und schreibe.

Dra	chen		Drachen
Ku			Kuchen
Schlit	ten		Knoten
Kno			Regen
Re	gen		Schlitten

2 Zeichne die Silbenbögen und ergänze die Silbenkerne.

tasten a e	schlafen a e
lesen e e	lachen a e
malen a e	klopfen o e

der Kuchen
der Regen
lesen
malen

Reimwörter erkennen

1 Verbinde die Reimwörter und zeichne die passenden Silbenbögen.

stehen	anstellen	trinken
gehen	winken	anbellen

2 Verbinde und zeichne die Silbenbögen.

Topf	Tanne
Rakete	Knopf
Kanne	Tapete

Diese Reimwörter haben die gleichen Silbenkerne.

1 Reimwörter finden

1 Verbinde die Reimwörter und die passenden Silbenkerne.

Tasche	Liste	a
Kiste	Sand	a e
Land	Flasche	i e

Glatze	Katze	a e
Dose	Schnecke	o e
Decke	Hose	e e

Zelt	Kasse	e
Hund	Welt	u
Tasse	Mund	a e

die Dose
die Flasche
der Mund
die Welt

1 Reimwörter bilden

2

1 Schreibe zu jedem Wort die passenden Reimwörter.

jagen	Rauch	Topf
sagen	Bauch	Kopf
fragen	Schlauch	Zopf

zielen	Gabel	Locke
spielen	Nabel	Socke
schielen	Schnabel	Glocke

2 Schreibe die Reimwörter.

Turm

Wurm

Zopf

Topf

Kino

Dino

Pudel

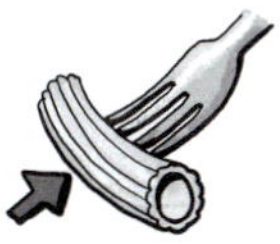

Nudel

Maus

Haus

Bauer

Mauer

2 Wörter mit au

Weil **au** aus zwei Lauten besteht, ist au ein **Zwielaut**: Baum, Auge.
Andere Zwielaute sind **ei** und **eu**: Kleid, Zeugnis.

1 Schreibe das passende Wort.

Laube

Baum

Haus

Maus

Auge

Daumen

Bauch

Auto

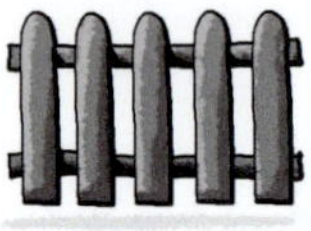
Zaun

Mauer

Taube

das Auge
das Auto
der Baum
das Haus

2. Wörter mit ei

1 Schreibe das passende Wort und unterstreiche den Zwielaut Ei und ei.

K l ei d	Pf f ei e	B r ei
Kl**ei**d	Pf**ei**fe	Br**ei**

Sch w ei n	S ei t e	L ei t e r
Schw**ei**n	S**ei**te	L**ei**ter

Ei e r m	Z ei t	P r ei s
Eimer	Z**ei**t	Pr**ei**s

2 Zeichne Striche zwischen die Wörter mit ei. Schreibe die Wörter auf.

Seife | Bein | klein | Leiter | Kleid | Seil

Seife   Bein
klein   Leiter
Kleid   Seil

das Bein
das Kleid
die Leiter
klein

1 Ergänze eu oder au.

t eu er	D au men	s au ber	Z eu gnis
Spielz eu g	k au fen	n eu	Sch au fel

2 Setze die Wörter passend ein. Unterstreiche den Zwielaut eu.

~~heute~~	~~neuen~~	~~freuen~~	~~neugierig~~	~~Freunde~~

Der neue Schüler

Die 2b soll heute einen neuen Schüler bekommen.

Alle sind neugierig: Ist es ein Mädchen oder ein Junge?

Frau Reuter betritt mit einem Mädchen die Klasse.

„Das ist Lara, ihr werdet bestimmt bald

Freunde werden“,

sagt die Lehrerin.

Mädchen können auch Fußball spielen.

Die anderen Mädchen freuen sich.

Endlich können sie eine komplette

Fußballmannschaft gegen die Jungen aufstellen!

freuen
heute
neu
teuer

2 Wörter mit au, ei und eu

1 Verbinde passend.
Unterstreiche die Zwielaute au, ei und eu.

⚀	Papa	tut weh.	⚀
⚁	Lisas Beule	ist neunzig Jahre alt.	⚁
⚂	Ulis Oma	und Tim kaufen ein.	⚂
⚃	Imo	frisst eine Banane.	⚃
⚄	Der Lehrer	will keine Leine tragen.	⚄
⚅	Der kleine Affe	teilt Zeugnisse aus.	⚅

2 Würfle und schreibe einen Satz auf.

offene Lösung

Heft 2, Seite 19
Papa und Tim kaufen ein.
Lisas Beule ...

2 Wörter mit ch

So schreibe ich Wörter ab:

1. Ich lese jedes Wort.
2. Ich spreche das Wort in Silben.
3. Ich merke mir jede einzelne Silbe.
4. Ich schreibe das Wort Silbe für Silbe auf.
5. Ich vergleiche das Wort genau mit der Vorlage.

❶ Schreibe die Wörter ab.

Gedicht | lachen | kochen | leicht | Buch | Dach

Gedicht lachen kochen

leicht Buch Dach

❷ Unterstreiche alle Wörter mit dem **ich-Laut** und alle Wörter mit dem **ach-Laut** in der passenden Farbe.

mich Sachen Gesicht Licht kichern machen Drachen lachen

das Buch
das Gesicht
machen
leicht

2 Wörter mit sch

2

❶ Zeichne die Silbenbögen.
Schreibe das Wort ab und unterstreiche sch.

kuscheln	wegschauen	schalten
kuscheln	wegschauen	schalten

duschen	ausschalten	schlafen
duschen	ausschalten	schlafen

❷ Schreibe das passende Wort. Unterstreiche Sch und sch.

 Schatz

 Flasche

 Fisch

 Schokolade

 Rutsche

 Schwein

 Tasche

 Schere

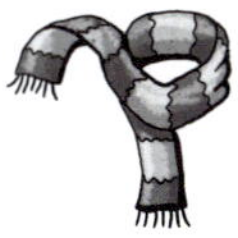 Schal

der Schal
die Schere
schalten
schlafen

2 Wörter mit ng

1 Unterstreiche ng in den Wörtern.

angeln	langsam	Ring	springen
Finger	langweilig	Angel	Ausrüstung

2 Setze die Wörter aus **1** passend ein.

Tim und Opa gehen angeln

Tim ist aufgeregt.

Er darf heute mit Opa angeln gehen.

Stolz trägt er Opas Ausrüstung:

die Angel und den Angeleimer mit Haken und Ködern darin.

Opa zeigt Tim, wie man die Angel auswirft.

„So Junge, jetzt du. Aber langsam!“, fordert Opa Tim auf.

Lange passiert gar nichts.

Tim wird es langweilig.

Plötzlich biegt sich die Angelrute nach unten.

Opa und Tim springen auf.

Haben sie etwas gefangen?

die Angel
der Finger
springen
langsam

3 Wörter mit qu

2

So schreibe ich Sätze ab:

1. Ich lese den Satz genau.
2. Ich schreibe ihn Wort für Wort ab.
3. Ich vergleiche den Satz genau mit der Vorlage.

1 Verbinde die passenden Satzhälften. Unterstreiche Qu und qu.

Quark	quietscht laut.
Tim	ist gesund.
Die Tür	quatscht im Unterricht.
Ein Frosch	hat viele Fangarme.
Eine Qualle	quakt am Teich.

2 Schreibe zwei Sätze aus 1 ab.

offene Lösung

offene Lösung

die Qualle
der Quark
quatschen
quietschen

Quallen leben im Meer.
Oh, **Qu**allen wird ja mit **Qu** geschrieben!

3 Wörter mit sp und st

1 Ergänze passend.
Sp oder St?

das Sp iel	der St urm	die Sp inne	der St rand
der St ern	der St ein	der Sp aß	der Sp echt

sp oder st?

st ehen	st reiten	sp ielen	sp ringen
st ecken	sp aren	st oßen	sp ucken

2 Setze die Wörter passend ein. Unterstreiche Sp, sp und st.

~~spielen~~	~~streiten~~	~~Spaß~~	~~Spiel~~

Tom und Lisa spielen ein Spiel am Computer.

Toms Spieler gewinnt. Lisa wird sauer und fängt an zu streiten :

„Du gewinnst immer! Mit dir macht es gar keinen Spaß

zu spielen!“, ruft sie.

Was machst du,
wenn du verlierst?

der Spaß
der Strand
spielen
stehen

1 Zeichne Striche zwischen die Wörter mit Pf und pf.
Schreibe die Wörter auf.

Pfeil|Topf|Pfeife|Apfel|Pfote|kämpfen

Pfeil	Topf	Pfeife
Apfel	Pfote	kämpfen

2 Löse die Rätsel und setze die passenden Wörter ein.

~~Kopfball~~ ~~tapfer~~ ~~hüpfen~~ ~~Pfosten~~

Wenn man beim Fußball den Ball mit dem Kopf schießt, nennt man das: Kopfball.

Ein anderes Wort für springen ist: hüpfen.

Den seitlichen Rahmen vom Fußballtor nennt man auch: Pfosten.

Ein anderes Wort für mutig ist: tapfer.

der Apfel
die Pfeife
hüpfen
kämpfen

3 Wörter mit x

1 Rahme alle Wörter mit x ein.

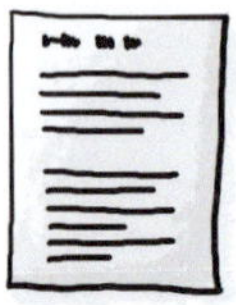

A	X	T	H	E	R	O	P	Z	B	N	X
X	D	W	Q	Ä	M	E	X	O	L	T	S
V	Z	T	U	P	E	X	L	X	Y	W	N
Ü	X	Y	L	H	E	X	E	B	G	M	A
I	O	Z	T	W	E	R	Q	T	A	P	I
M	Ä	P	B	O	X	E	R	G	R	E	P
Z	M	N	U	I	A	O	T	A	X	I	J
M	K	T	E	X	T	Y	A	M	N	B	U
R	L	E	X	I	K	O	N	V	B	N	M
R	A	O	Z	E	l	E	N	H	I	U	S

Lexikon
A-Z

TAXI

2 Schreibe die Wörter von oben auf.

die Axt

der Boxer

die Hexe

Lexikon
A-Z
das Lexikon

der Text

das Taxi

Nur der
1. Buchstabe wird groß-
geschrieben.

die Axt
die Hexe
das Lexikon
der Text

3 Wörter mit v

2

So schreibe ich ein Dosendiktat:

1. Ich schreibe jedes Wort auf ein Kärtchen.
2. Ich nehme ein Kärtchen und lese das Wort genau.
3. Ich stecke das Kärtchen in eine Dose.
4. Ich schreibe das Wort auswendig auf.
5. Ich mache das mit allen Wortkärtchen.
6. Ich hole alle Wortkärtchen aus der Dose und vergleiche.
7. Ich verbessere die Fehler.

1 Schreibe die Wörter ab.

Vögel	von	Klavier	vier	Pullover
Vögel	von	Klavier	vier	Pullover

2 Unterstreiche alle Wörter mit V wie in  und alle Wörter mit V wie in  in der passenden Farbe.

Vater Vase Vampir voll Vogel von Vulkan Kurve

die Vase
der Vater
voll
von

3 Wörter mit sp, st, qu, x und v

❶ Schreibe die Wörter.

 Qualle

 Hexe

 Stuhl

 Spinne

 Stern

 Vogel

 Klavier

 Taxi

❷ Schreibe die passenden Wörter in die Lücken.

still	Vögel	spähen	Qualle	Spalt

Nachts im Garten

Tim und Lisa zelten heute Nacht im Garten.

Plötzlich hört Tim ein Geräusch.

„Sei mal still! Ist das ein Specht?“, fragt er.

„Quatsch, Vögel schlafen doch nachts!“, sagt Lisa.

„Was war es dann?“, fragt Tim. „Vielleicht ein Ungeheuer, das aussieht wie eine Qualle!“, lacht Lisa.

Beide spähen durch einen Spalt im Zelt nach draußen. „Ach so, nur ein Igel“, sagt Tim erleichtert.

4 Ein ABC-Gedicht kennen lernen

1 Ergänze die Sätze.

ABCDEFG

Tun denn Hausaufgaben weh ?

HIJKLMNOP

Auf meinem Pudding tanzt 'ne Fee .

QuRSTUVW

Haben Flöhe einen Zeh ?

XY und Z

Oh Schreck, ein Elefant in meinem Bett !

4 Ein ABC-Gedicht aufschreiben

1 Nummeriere die Gedichtteile nach dem ABC.

3 QuRSTUVW
- Papa-Hase sagt: „Trink viel heißen Tee!
- Er ist zu schnell und ruft: „Los steh!“

1 ABCDEFG
- Ein Häschen spielt im kalten Schnee.
- Ein Kater fährt durch Schnee.

4 X, Y und Z
- Und leg dich gleich ins warme Bett.“
- So laut, da wacht er auf und ist im Bett.

2 HIJKLMNOP
- Jetzt niest es und sein Hals tut weh.
- Auf einem Schlitten. Doch oh weh!

2 Lies das rote oder das grüne ABC-Gedicht.
Kreuze an, welches dir besser gefällt.

○

○

Ein ABC-Gedicht erfinden

1 Schreibe selbst ein ABC-Gedicht.

A B C D E F G

offene Lösung

H I J K L M N O P

offene Lösung

Qu R S T U V W

offene Lösung

X Y Z

offene Lösung

ABCDEFG –
Am Morgen trinke
ich gern Tee.

4 Ein Tier-ABC schreiben

1 Ergänze das Tier-ABC.

A	Affe
B	Bär
C	Chamäleon
D	Dachs
E	Elefant
F	Fisch
G	Giraffe
H	Hund
I	Igel
J	Jaguar
K	Krokodil
L	Löwe

M	Maus
N	Nashorn
O	Otter
P	Pinguin
Qu	Qualle
R	Ratte
S	Seepferdchen
T	Tiger
U	Uhu
V	Vogel
W	Wal
X	---
Y	Yak
Z	Zebra

4 Ein Verben-ABC ergänzen

1 Ergänze das Verben-ABC.

~~bringen~~
~~lachen~~
~~essen~~
~~zeigen~~
~~wünschen~~
~~sagen~~
~~gehen~~
~~helfen~~
~~nehmen~~
~~denken~~
~~putzen~~
~~turnen~~
~~fliegen~~

a	arbeiten	n	nehmen
b	bringen	o	ordnen
c	---	p	putzen
d	denken	qu	quatschen
e	essen	r	rechnen
f	fliegen	s	sagen
g	gehen	t	turnen
h	helfen	u	unterhalten
i	irren	v	verlieren
j	jagen	w	wünschen
k	kennen	x	---
l	lachen	y	---
m	malen	z	zeigen

Die Buchstaben, die beim Sprechen alleine klingen, heißen **Selbstlaute**: a, e, o, i, u.
Die anderen Buchstaben heißen **Mitlaute**.

In meinem Namen gibt es zwei Selbstlaute.

1 Schreibe alle Wörter auf, die mit einem Selbstlaut anfangen.

Uhr	Ofen	lesen	
trinken	ohne	Elefant	Indianer
immer	Telefon	Nase	und
kochen	allein	Heft	Vater
besser	ihm	fehlen	Affe

Uhr	Ofen
ohne	Elefant
immer	Affe
allein	Indianer
ihm	und

der Affe
die Uhr
allein
immer

4 Wörter verwandeln

1 Verwandle den Selbstlaut. Schreibe die Wörter.

Hase	Gold
Hose	Geld
Kegel	Hand
Kugel	Hund
Nadeln	Zange
Nudeln	Zunge
Burg	Tische
Berg	Tasche

Wenn du den Selbstlaut änderst, bekommst du ein neues Wort.

Stirn!

das Geld
die Hand
der Hund
die Zunge

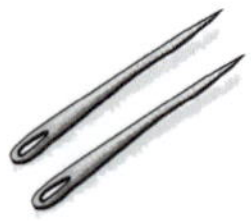

1 Schreibe auf, was im rechten Bild fehlt.
Unterstreiche alle Selbstlaute.

Tuch	Knochen	Affe
Kette	Fisch	Messer

2 Ergänze die Selbstlaute a, e, i, o, u in den Wörtern.

Piraten

Seht her, Pir_a_ten sind wir!
Und nun schnell, dein G_o_ld gib mir!
Wir sind wild _u_nd laut,
bei uns wird alles g_e_klaut.
So s_i_nd wir Piraten-Leute,
lauern immer auf f_e_tte Beute.
K_o_mmt ruhig her, wenn ihr euch traut!
Und es euch vor Pirat_e_n nicht graut!

5 Das ABC ergänzen

1. Ergänze die fehlenden Buchstaben.

A B C D E F G

H I J K L M N O P

Qu R S T U V W

X Y Z

2. Unterstreiche in den ABC-Reihen die beiden vertauschten Buchstaben.

A B C D E G F H I J K L M N O P Qu R S T U V W X Y Z

A B C D E F G H I J L K M N O P Qu R S T U V W X Y Z

A B C D E F G H I J K L M N O P Qu R S T U V W Y X Z

A B C D F E G H I J K L M N O P Qu R S T U V W X Y Z

1 Unterstreiche die beiden vertauschten Buchstaben.

A B D C E F G H	I J L K M N O P	Qu R T S U V W X
A B C D E G F H	I J K L M O N P	Qu R S T V U W X
E F G H J I K L	M N P O Qu R S	T U V X W Y Z

2 Schreibe den Vorgänger oder den Nachfolger.

5 Nach dem ersten Buchstaben ordnen

1 Schreibe die Namen der Kinder nach dem ABC auf.

Benjamin

David

Johanna

Marie

Sujin

Vanessa

Ali

Lisa

Nils

Emil

Tim

Uli

5 Nach dem zweiten Buchstaben ordnen ★ 2

❶ Ordne die Wörter nach dem Anfangsbuchstaben.

~~Axt~~	~~Ampel~~	~~Mond~~
~~Salat~~	~~Mann~~	~~Ast~~
~~Musik~~	~~Sofa~~	~~Schule~~

A	M	S
Axt	Mond	Sofa
Ampel	Mann	Salat
Ast	Musik	Schule

❷ Ordne die Wörter aus ❶ nach ihrem zweiten Buchstaben und unterstreiche ihn.

A	M	S
A<u>m</u>pel	M<u>a</u>nn	S<u>a</u>lat
A<u>s</u>t	M<u>o</u>nd	S<u>c</u>hule
A<u>x</u>t	M<u>u</u>sik	S<u>o</u>fa

5 Mit der Wörterliste umgehen

1 Suche die Wörter in der Wörterliste und schreibe sie auf.

Wie heißt

das erste Wort beim Buchstaben B?

backen

das erste Wort beim Buchstaben F?

Fach

das zweite Wort beim Buchstaben D?

Daumen

das dritte Wort beim Buchstaben G?

gehen

das letzte Wort beim Buchstaben O?

Ort

das **Auto,** die Autos
die **Axt,** die Äxte

B b

backen
bald
der **Ball,** die Bälle
die **Bank,** die Bänke
der **Bauch,** die Bäuche

Die Wörterliste findest du hinten in diesem Heft.

Wie heißt das erste Wort mit P?

der Daumen
das Fach
der Ort
gehen

5 In der Wörterliste nachschlagen

❶ Suche die Wörter in der Wörterliste und schreibe sie auf.

Welches Wort steht **über** dem Wort?

du	Familie	zurück
Durst	fangen	zusammen

Welches Wort steht **unter** dem Wort?

vielleicht	ganz	wissen
vier	geben	Witz

❷ Suche die Wörter in der Wörterliste und schreibe die Seitenzahl auf.

Auf welcher Seite steht das Wort?

Papier	Seite 77
Erde	Seite 74
Küche	Seite 75
alles	Seite 73
Eltern	Seite 74
Handy	Seite 75
vor	Seite 79

das Handy
die Küche
vor
zurück

5 In der Wörterliste suchen

1 Suche die Wörter in der Wörterliste und schreibe sie auf.
Trage die Seitenzahl ein.

Computer — Seite 73

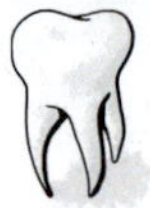
Zahn — Seite 79

Apfel — Seite 73

Fisch — Seite 74

Boot — Seite 73

Messer — Seite 76

2 Suche die Wörter in der Wörterliste. Ergänze Wörter und Seitenzahlen.

prob_ie_ren	Seite 77	vie_ll_eicht	Seite 79
Fa_hr_rad	Seite 74	mü_ss_en	Seite 76
z_ie_hen	Seite 79	Fu_ß_ball	Seite 74
se_h_en	Seite 77	Me_ss_er	Seite 76
Ki_n_d	Seite 75	i_h_m	Seite 75

6 Lange und kurze Selbstlaute

★ 2

❶ Setze unter einen kurzen Selbstlaut einen Punkt.
Unterstreiche einen langen Selbstlaut.

Tisch

Brot

Kran

Bett

Buch

Hund

Obst

Schiff

❷ Trage die Wörter passend in die Tabelle ein.

Saft	Wal	Ofen	nichts	rot	nass

Wörter mit **kurzem** Selbstlaut	Wörter mit **langem** Selbstlaut
Saft	Wal
nichts	Ofen
nass	rot

6 Wörter mit ie

Ein **lang gesprochenes i** wird fast immer **ie** geschrieben:
Brief, viel.

1 Trenne die Wörter. Schreibe sie auf.

Ziel|Liebe|Sieb|Brief|viel|Tier

Ziel	Liebe	Sieb
Brief	viel	Tier

2 Setze die passenden ie-Wörter ein.

~~Riese~~ ~~Bienen~~ ~~vier~~ ~~sieben~~

Ein Riese ist riesengroß und hat riesige Füße.

Zwölf minus acht ist vier.

Bienen machen Honig und haben einen Stachel.

Schneewittchen wohnt im Haus der sieben Zwerge.

der Brief
die Liebe
das Tier
viel

6 Wörter mit kurzem i

2

1 Rahme alle Wörter mit einem kurzen i ein.

B	I	Z	U	T	E	**B**	L	I	T	Z	K
L	R	I	K	S	E	N	K	J	W	Q	C
L	I	**B**	R	I	L	L	E	F	F	M	N
F	I	N	G	E	R	K	I	S	V	O	E
I	G	E	S	C	H	W	**B**	I	L	D	N
Q	I	C	P	T	M	I	K	E	L	D	E
B	I	B	**M**	I	L	C	H	N	I	S	P
H	G	A	W	I	T	T	O	R	X	I	B
P	**F**	I	S	C	H	P	I	T	R	E	S
P	E	W	I	W	N	E	N	K	I	P	S

2 Schreibe die Wörter von oben auf.

 Blitz

 Milch

 Brille

 Fisch

 Bild

 Finger

Nur der
1. Buchstabe wird groß-
geschrieben.

das Bild
die Brille
der Fisch
die Milch

6 Wörter mit ie und kurzem i vervollständigen

1 Ergänze ie oder i.

 Br_ie_f	 B_i_ld	 D_ie_b
 Sp_i_nne	 R_ie_se	 R_i_ng
 F_i_nger	 S_ie_b	 S_i_ft

2 Schreibe das passende Wort zum Bild.
Setze unter ein kurzes i einen Punkt.
Unterstreiche ie.

 Brief

 Fisch

 Fliege

 Tisch

 sieben

 Biene

 Spinne

die Biene
die Spinne
der Stift
sieben

6 Kurzer Selbstlaut und doppelter Mitlaut

2

Nach einem **kurzen Selbstlaut** stehen **zwei Mitlaute**:
Zimmer, Kissen.

1 Schreibe die passenden Reimwörter.

Zimmer	kann	Betten
Schimmer	Mann	Ketten
Essen	**Kissen**	**Mutter**
messen	wissen	Butter

2 Setze die passenden Wörter aus 1 in die Lücken ein.
Wie endet die Geschichte? Kreuze an.

Lisa und Tim toben auf den Betten und werfen mit Kissen. Die Mutter ruft beide zum Essen. Doch sie kommen nicht. Die Mutter betritt das Zimmer und sagt:

- ○ „Kann ich mitmachen?"
- ○ „Wie spät ist es?"
- ○ „Wenn ihr nicht kommt, esse ich alles allein."

die Betten
die Mutter
messen
wissen

6 Wörter mit ck

❶ Verbinde die passenden Silben und schreibe die Wörter.
Kennzeichne den kurzen Selbstlaut.

ba	ckig
Ho	cken
dre	cker
So	cke

backen

Hocker

dreckig

Socke

❷ Setze die passenden Wörter in die Lücken ein.

~~frühstücken~~	~~lecker~~	~~Bäcker~~	~~Schnecke~~	~~meckert~~	~~Zucker~~

Marie und Mama frühstücken zusammen.

Mama hat Schnecken vom Bäcker mitgebracht.

Marie stopft eine halbe Schnecke auf einmal in den Mund.

Mama meckert: „Oh, dein Gesicht ist voll Zucker!“ „Aber die schmecken so schrecklich lecker!“, sagt Marie und grinst Mama an.

der Zucker
backen
frühstücken
dreckig

6 Wörter mit tz

So schreibe ich ein Schleichdiktat:
1. Ich lege den Text an eine Stelle und merke mir einen Satz.
2. Ich gehe an meinen Platz zurück und schreibe den Satz auf.
3. Ich schreibe alle Sätze genauso auf.
4. Ich hole den Text und kontrolliere.
5. Ich verbessere die Fehler.

1 Unterstreiche tz in den Wörtern. Übe dann den Text als Schleichdiktat.

Toms Katze ist noch klein.

Aber ihre Tatzen haben schon scharfe Krallen.

Damit kann sie ganz schön kratzen.

Manchmal kämpft sie mit Toms Mütze.

Das sieht witzig aus. Ihr Lieblingsplatz ist Toms Bett.

Nachts kitzelt sie ihn mit ihren Schnurrhaaren.

2 Schreibe das passende Reimwort auf.

Blitz	Schatz	hetzen
Witz	Satz	petzen

der Blitz
der Satz
der Witz
setzen

6 Wörter mit doppeltem Mitlaut trennen

Wörter mit einem **doppelten Mitlaut** trennt man so:
Schlit-ten, sol-len, las-sen.

1 Schreibe die Wörter in Silben auf.

können	kennen	Klasse
kön | nen	ken | nen	Klas | se
Teller	wissen	wollen
Tel | ler	wis | sen	wol | len
Schlitten	Waffel	lassen
Schlit | ten	Waf | fel	las | sen
sollen	Tasse	müssen
sol | len	Tas | se	müs | sen
Kette	Zimmer	
Ket | te	Zim | mer	

die Klasse
das Zimmer
müssen
wollen

6 Wörter mit ck, tz und doppeltem Mitlaut

2

❶ Ergänze Wörter und Seitenzahlen mit Hilfe der Wörterliste.

Mütze	Seite 76	Jacke	Seite 75
Glocke	Seite 74	Katze	Seite 75
Hammer	Seite 75	Sonne	Seite 78
Brille	Seite 73	lassen	Seite 76
Mittwoch	Seite 76	Schnecke	Seite 77

❷ Schreibe das passende Wort mit Artikel.

der Blitz

die Qualle

das Netz

der Teller

die Katze

der Wecker

das Messer

die Schnecke

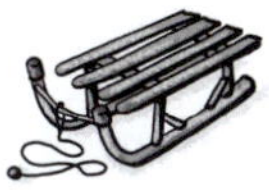
der Schlitten

der Sessel

der Rock

die Jacke
die Katze
die Mütze
die Sonne

7 Nomen mit ä, ö, ü

Aus den Selbstlauten a, o und u in der Einzahl können in der Mehrzahl oder in der Verkleinerungsform ä, ö und ü werden.
Man nennt **ä**, **ö** und **ü** auch **Umlaute**:
Ball – Bälle, Buch – Bücher, Kopf – Köpfchen.

1 Schreibe die Mehrzahl. Unterstreiche ä, ö und ü.

	Einzahl	Mehrzahl	
	das Buch	die Bücher	
	der Ball	die Bälle	
	der Rock	die Röcke	

2 Verkleinere mit -chen. Unterstreiche ä, ö und ü.

	groß	klein	
	der Zahn	das Zähnchen	
	der Hund	das Hündchen	
	der Kopf	das Köpfchen	
	der Vogel	das Vögelchen	

Ableiten
Ich schreibe ein Wort mit ä oder äu,
wenn ich es aus einem Wort mit a oder au ableiten kann:
Hände – Hand, Mäuse – Maus.

1 Ergänze die Selbstlaute und die Umlaute.

 der Apfel

 die Äpfel

 der Ball

 die Bälle

 das Blatt

 die Blätter

 die Hand

 die Hände

2 Ergänze die Selbstlaute und die Umlaute.

die Äste

der Ast

die Räder

das Rad

die Zähne

der Zahn

die Äste
die Bälle
die Hände
die Zähne

7. Nomen mit äu ableiten

1 Kreuze an, was du im Bild siehst.
Schreibe zu jedem Wort das passende Mehrzahlwort.

> Schreibe in der Mehrzahl äu, wenn in der Einzahl au steht.

- ☒ Mauer — Mauern
- ☒ Baum — Bäume
- ☒ Schlauch — Schläuche
- ☒ Maus — Mäuse
- ◯ Haus — Häuser
- ☒ Zaun — Zäune

2 Schreibe das passende Mehrzahlwort.

Eine Maus krabbelt durch den Zaun.

Zwei __Mäuse__ krabbeln durch zwei __Zäune__.

Ein Kater klettert auf den Baum.

Zwei Kater klettern auf zwei __Bäume__.

die Bäume
die Häuser
die Schläuche
die Zäune

7 Verben mit ä und äu ableiten

1 Schreibe die passende Verbform mit er, sie oder es.
Unterstreiche ä und äu.

schlafen	laufen	tragen
er schläft	sie läuft	es trägt
halten	**backen**	**braten**
sie hält	es bäckt	er brät

2 Schreibe die passende Verbform mit -en.

verschlafen	fangen	verlaufen
es verschläft	er fängt	es verläuft
graben	schlagen	waschen
er gräbt	sie schlägt	er wäscht

Verlängern
Manchmal hören sich **d** und **t** am Wortende gleich an.
Auch **g** und **k** hören sich manchmal am Ende des Wortes gleich an.
Wenn ich sie verlängere, höre ich, welchen Buchstaben ich schreiben muss: Hund – Hunde, Berg – Berge, Ring – Ringe.

1 Verlängere die Wörter.

 das Kind —  die Kinder

 das Brot —  die Brote

 das Rad —  die Räder

 das Kleid —  die Kleider

2 Verlängere im Kopf. Ergänze die Einzahl.

die Han d

das Pfer d

der Stif t

das Brot
das Kind
das Pferd
das Rad

7 Nomen mit g verlängern

2

1 Ergänze den Buchstaben am Wortende.
Bilde dazu im Kopf das Mehrzahlwort.

der Berg

der Weg

der Zug

der Teig

das Flugzeug

der Zwerg

der König

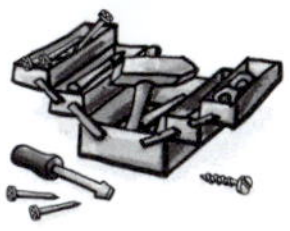

das Werkzeug

2 Löse die Rätsel mit Hilfe der Wörter aus 1.

Er trägt eine Krone:

der König

Du kannst damit fliegen:

das Flugzeug

Man läuft darauf:

der Weg

Man kann damit Dinge reparieren:

das Werkzeug

Man kann damit verreisen, aber es ist kein Flugzeug:

der Zug

Du kannst daraus Pizza oder Kuchen machen:

der Teig

der Berg
der König
der Weg
der Zug

7 Nomen mit ng und nk verlängern

❶ Verbinde mit ng oder nk.

Ring

Ringe

Zeitung

Bänke

ng

nk

Bank

Zeitungen

Geschenk

Geschenke

die Bank
das Geschenk
der Ring
die Zeitung

Wortfamilien kennen lernen

Wörter mit dem gleichen Wortstamm bilden eine **Wortfamilie**.
Der Wortstamm hilft, Wörter einer Wortfamilie richtig zu schreiben:
Spielzeug, Spieler, spielen.

1 Unterstreiche die Wörter mit gleichem Wortstamm mit derselben Farbe.

anfreunden		freundlich	Freundin
Freund	spielerisch	Spieler	befreundet
verspielt		Spielzeug	spielen

2 Trage die Wörter von oben unter den passenden Wortstamm ein.

spiel	freund
verspielt	Freund
Spieler	Freundin
spielen	freundlich
Spielzeug	anfreunden
spielerisch	befreundet

der Freund
das Spielzeug
freundlich
verspielt

8 Wortfamilien erkennen

So schreibe ich ein Partnerdiktat:
1. Ich diktiere einem anderen Kind langsam und deutlich jedes Wort.
2. Danach kontrollieren wir gemeinsam.
3. Zum Schluss tauschen wir die Rollen.

❶ Unterstreiche die Wörter mit schul und feier in der passenden Farbe.

Heute hat Tim ein Schulfest. Die Schule feiert ihren Geburtstag. Auf dem Schulhof stehen viele Stände. Tims Klasse macht Waffeln für die Feier. Auch die Eltern feiern mit und helfen beim Backen.

❷ Schreibe die Wörter aus ❶ unter den passenden Wortstamm.

schul	feier
Schulfest	feiert
Schule	Feier
Schulhof	feiern

die Feier
das Schulfest
der Schulhof
feiern

8 Wortfamilien ergänzen

2

❶ Unterstreiche alle Wörter mit gleichem Wortstamm in derselben Farbe.

fahren	Zahl	zähmen
zählen	zähmbar	fährt
zahm	Fähre	Zähler
Fahrer	verzählt	gezähmt

Der Wortstamm kann sich ändern.

❷ Schreibe die Wörter aus ❶ unter den passenden Wortstamm.

fahr/fähr	zahl/zähl	zahm/zähm
fahren	zählen	zahm
Fahrer	Zahl	zähmen
Fähre	verzählt	zähmbar
fährt	Zähler	gezähmt

8 Wortstämme zuordnen

❶ Verbinde mit dem passenden Wortstamm.

sehen	geh	weggehen
Gehstock		Gehweg
Fernseher		gehen
Sehtest	seh	ansehen

❷ Schreibe selbst passende Wörter zum Wortstamm.

Wohnung	wohn	offene Lösung
offene Lösung	freund	offene Lösung
offene Lösung	fahr	offene Lösung
offene Lösung	koch	offene Lösung

der Fernseher
der Gehweg
die Wohnung
sehen

8 Veränderte Wortstämme zuordnen

2

1 Verbinde die Wörter aus derselben Wortfamilie.

riechen	Läufer
singen	Wurf
laufen	Geruch
jagen	Gesang
werfen	Jäger

2 Schreibe selbst ein Wort mit verändertem Wortstamm zur Wortfamilie.

laufen	Läufer
fliegen	offene Lösung
trinken	offene Lösung
schmecken	offene Lösung
werfen	offene Lösung
fahren	offene Lösung

Veränderte Wortstämme erkennen

1 Unterstreiche alle Wörter mit den Wortstämmen **flug**/**flieg**.

Sujin und Papa holen Mama vom Flughafen ab.
Von dort aus kann man in viele Länder der Erde fliegen.

Der Flughafen ist riesig und es geht dort sehr hektisch zu. Viele Menschen eilen zu ihren Fliegern und viele warten mit ihren Koffern am Flugschalter. Bevor sie ins Flugzeug steigen, werden sie und ihre Koffer kontrolliert.

Papa und Sujin beobachten, was auf der Flugbahn passiert. Sie sehen zu, wie die Flugzeuge landen und abfliegen. Papa zeigt auf einen Bus: „Sieh mal, die Fluggäste werden mit dem Bus zum Flieger gefahren. Sie dürfen nicht über die Landebahn laufen, das wäre zu gefährlich.“

2 Ergänze die Sätze mit dem Wortstamm **flug**/**flieg**.

Sujin und Papa holen Mama vom Flug______hafen ab.

Viele Menschen eilen zu ihren Flieg______ern.

Sujin und Papa sehen zu, wie die Flug______zeuge landen und abfliegen.

9 Wörter mit doppeltem Selbstlaut

M ★ 2

Merkwörter M

Manchmal gibt es keine Regeln,
um Wörter richtig zu schreiben.
Diese Wörter muss ich mir merken.

❶ Ergänze die Sätze.

~~Zoo~~ ~~Tee~~ ~~Meer~~

~~leer~~ ~~Haare~~ ~~Schnee~~

Wenn man erkältet ist, soll man viel Tee trinken.

Menschen haben kein Fell, sondern Haare.

Dein Magen knurrt, wenn er leer ist.

Die meisten Wale leben im Meer.

Wasser kann zu Eis und zu Schnee werden.

Im Zoo gibt es viele Tiere aus fernen Ländern.

die Haare
der Schnee
der Zoo
leer

9 Wörter mit ß schreiben

M

1 Suche die Wörter in der Wörterliste und schreibe sie auf.
Trage die Seitenzahl ein.

	heiß	Seite 75
	Fuß	Seite 74
	Strauß	Seite 78
	Straße	Seite 78
	Fußball	Seite 74
	weiß	Seite 79
	grüßen	Seite 74
	Großeltern	Seite 74

der Fuß
die Straße
grüßen
weiß

Wörter mit ß einsetzen

1 Ergänze die Sätze.

~~Fußball~~ ~~Spaß~~ ~~heiß~~ ~~schießt~~ ~~gießt~~ ~~barfuß~~

Tim und Lisa spielen Fußball. Lisa schießt ein Tor nach dem anderen. Tim hat schließlich keine Lust mehr.

„Das Spiel macht mir keinen Spaß und außerdem ist es einfach zu heiß!", meckert er.

Auch dem Großvater ist es zu heiß. Er trägt ein weißes Hemd und sitzt barfuß unter einem großen Sonnenschirm.

Lisa hat eine Idee: Sie nimmt die Gießkanne und füllt sie mit kaltem Wasser. Dann schleicht sie sich an Opa heran und gießt ihm das Wasser über die Füße.

2 Ergänze die Sätze mit den Wörtern aus 1.

Lisa schießt viele Tore.

Tim und Großvater ist es zu heiß.

Lisa gießt kaltes Wasser über Großvaters Füße.

9 Wochentage

M

1 Schreibe die Wochentage der Reihe nach auf.

~~Montag~~ ~~Mittwoch~~ ~~Freitag~~ ~~Samstag~~

~~Dienstag~~ ~~Sonntag~~ ~~Donnerstag~~

1. Montag
2. Dienstag
3. Mittwoch
4. Donnerstag
5. Freitag
6. Samstag
7. Sonntag

2 Löse die Rätselsätze.

Wie heißt der dritte Wochentag?

Er heißt Mittwoch.

An welchem Tag müsste man eigentlich freihaben?

Am Freitag.

An welchen Wochentagen ist Wochenende?

Am Samstag und am Sonntag.

An welchem Tag müsste es eigentlich blitzen und donnern?

Am Donnerstag.

1 Ergänze die Monate in der richtigen Reihenfolge.

~~Januar~~ ~~April~~ ~~März~~ ~~Februar~~

~~November~~ ~~Mai~~ ~~Juli~~ ~~Dezember~~

1. Monat	Januar	2. Monat	Februar
3. Monat	März	4. Monat	April
5. Monat	Mai	6. Monat	Juni
7. Monat	Juli	8. Monat	August
9. Monat	September	10. Monat	Oktober
11. Monat	November	12. Monat	Dezember

2 Ergänze die passende Jahreszeit.

Im Frühling werden viele Tierjungen im Zoo geboren.

Im Sommer kann ich meine Freunde im Schwimmbad treffen.

Im Winter, wenn es schneit, fahren wir Schlitten.

Und im Herbst lasse ich Drachen steigen.

M

1 Schreibe die passende Zahl.

~~drei~~	~~vierzig~~	~~zehn~~	~~achtzig~~	~~sechzig~~
~~dreißig~~	~~sechs~~	~~zwanzig~~	~~vier~~	~~fünf~~

1	eins	2	zwei	3	drei
4	vier	5	fünf	6	sechs
7	sieben	8	acht	9	neun
10	zehn	20	zwanzig	30	dreißig
40	vierzig	50	fünfzig	60	sechzig
70	siebzig	80	achtzig	90	neunzig
		100	hundert		

A a

aber
acht
der **Affe,** die Affen
allein
alles
die **Angel,** die Angeln
der **Apfel,** die Äpfel
der **April**
arbeiten
der **Ast,** die Äste
das **Auge,** die Augen
der **August**
das **Auto,** die Autos
die **Axt,** die Äxte

B b

backen
bald
der **Ball,** die Bälle
die **Bank,** die Bänke
der **Bauch,** die Bäuche
der **Baum,** die Bäume
das **Bein,** die Beine
der **Berg,** die Berge
besser
das **Bett,** die Betten
die **Biene,** die Bienen
das **Bild,** die Bilder
das **Blatt,** die Blätter
der **Blitz,** die Blitze
die **Blume,** die Blumen
das **Boot,** die Boote
braten
der **Brief,** die Briefe
die **Brille,** die Brillen
bringen
das **Brot,** die Brote
das **Buch,** die Bücher

C c

der **Cent,** die Cents
der **Computer,** die Computer

D d

dabei
der **Daumen,** die Daumen
denken
der **Dezember**
der **Dieb,** die Diebe
der **Dienstag**
der **Donnerstag**
die **Dose,** die Dosen

dreckig
drei
du
der **Durst**

E e  

der **Eimer,** die Eimer
eins
der **Elefant,** die Elefanten
die **Eltern**
endlich
die **Erde**
essen

F f 

das **Fach,** die Fächer
fahren
das **Fahrrad,** die Fahrräder
die **Familie,** die Familien
fangen
fassen
der **Februar**
die **Feder,** die Federn
die **Feier,** die Feiern
feiern
der **Fernseher,** die Fernseher
der **Finger,** die Finger
der **Fisch,** die Fische
die **Flasche,** die Flaschen
fliegen
das **Flugzeug,** die Flugzeuge
fragen
der **Freitag**
freuen
der **Freund,** die Freunde
freundlich
frühstücken
fünf
der **Fuß,** die Füße
der **Fußball,** die Fußbälle

G g 

ganz
geben
gehen
der **Gehweg,** die Gehwege
das **Geld**
das **Geschenk,** die Geschenke
das **Gesicht,** die Gesichter
die **Glocke,** die Glocken
die **Großeltern**
grüßen

H h 

das **Haar,** die Haare
der **Hammer,** die Hämmer
die **Hand,** die Hände
das **Handy,** die Handys
der **Hase,** die Hasen
das **Haus,** die Häuser
das **Heft,** die Hefte
heiß
helfen
heute
die **Hexe,** die Hexen
die **Hose,** die Hosen
der **Hund,** die Hunde
hundert
hüpfen

I i  

der **Igel,** die Igel
ihm
immer

J j 

die **Jacke,** die Jacken
der **Januar**
der **Juli**
der **Junge,** die Jungen
der **Juni**

K k 

kämpfen
die **Katze,** die Katzen
kaufen
kennen
das **Kind,** die Kinder
das **Kino,** die Kinos
das **Kissen,** die Kissen
die **Klasse,** die Klassen
das **Kleid,** die Kleider
klein
klopfen
kochen
der **König,** die Könige
können
der **Kopf,** die Köpfe
das **Krokodil,** die Krokodile
die **Küche,** die Küchen
der **Kuchen,** die Kuchen

L l 

lachen
das **Land,** die Länder

langsam
lassen
laufen
leer
leicht
die **Leiter,** die Leitern
lesen
das **Lexikon,** die Lexika
das **Licht,** die Lichter
die **Liebe**

M m

machen
das **Mädchen,** die Mädchen
der **Mai**
malen
der **Mann,** die Männer
der **Mantel,** die Mäntel
der **März**
die **Mauer,** die Mauern
die **Maus,** die Mäuse
das **Meer,** die Meere
messen
das **Messer,** die Messer
mich
die **Milch**
der **Mittwoch**
der **Mond,** die Monde
der **Montag**
der **Mund,** die Münder
die **Muschel,** die Muscheln
die **Musik**
müssen
die **Mutter,** die Mütter
die **Mütze,** die Mützen

N n

der **Nagel,** die Nägel
die **Nase,** die Nasen
nass
nehmen
das **Netz,** die Netze
neu
neun
nichts
der **November**

O o

ohne
das **Ohr,** die Ohren
der **Oktober**
der **Ort,** die Orte

P p

das **Papier,** die Papiere
die **Pfeife,** die Pfeifen
das **Pferd,** die Pferde
der **Preis,** die Preise
probieren

Qu qu

die **Qualle,** die Quallen
der **Quark**
quatschen
quietschen

R r

das **Rad,** die Räder
raten
der **Rauch**
rechnen
das **Regal,** die Regale
der **Regen**
riechen
der **Riese,** die Riesen
der **Ring,** die Ringe
rot
die **Rutsche,** die Rutschen

S s

die **Sache,** die Sachen
sagen
der **Samstag**
der **Sand**
der **Satz,** die Sätze
sauber
die **Schal,** die Schals
schalten
die **Schere,** die Scheren
schlafen
der **Schlauch,** die Schläuche
der **Schlitten,** die Schlitten
die **Schnecke,** die Schnecken
der **Schnee**
der **Schuh,** die Schuhe
die **Schule,** die Schulen
das **Schulfest,** die Schulfeste
der **Schulhof,** die Schulhöfe
die **Schultasche,** die Schultaschen
der **Schwamm,** die Schwämme
sechs
sehen
die **Seife,** die Seifen
die **Seite,** die Seiten
der **September**
setzen
das **Sieb,** die Siebe

sieben
singen
der **Sitz,** die Sitze
sollen
der **Sommer,** die Sommer
die **Sonne,** die Sonnen
der **Sonntag**
der **Spaß,** die Späße
das **Spiel,** die Spiele
spielen
das **Spielzeug,** die Spielzeuge
die **Spinne,** die Spinnen
springen
stecken
stehen
der **Stein,** die Steine
der **Stift,** die Stifte
still
stoßen
der **Strand,** die Strände
die **Straße,** die Straßen
der **Strauß,** die Sträuße
streiten
der **Stuhl,** die Stühle
der **Sturm,** die Stürme

T t

die **Tafel,** die Tafeln
die **Tasche,** die Taschen
das **Taxi,** die Taxis
der **Tee,** die Tees
das **Telefon,** die Telefone
teuer
der **Text,** die Texte
das **Tier,** die Tiere
der **Tisch,** die Tische
tragen
trinken
turnen

U u

die **Uhr,** die Uhren
und
unten

V v

die **Vase,** die Vasen
der **Vater,** die Väter
verlieben
verlieren
verspielt
verstehen

viel

vielleicht

vier

der **Vogel,** die Vögel

voll

von

vor

W w

der **Wal,** die Wale

waschen

der **Weg,** die Wege

weiß

die **Welt,** die Welten

werfen

winken

wissen

der **Witz,** die Witze

die **Woche,** die Wochen

die **Wohnung,** die Wohnungen

wollen

wünschen

Z z

die **Zahl,** die Zahlen

zählen

der **Zahn,** die Zähne

der **Zaun,** die Zäune

zehn

zeigen

die **Zeit,** die Zeiten

die **Zeitung,** die Zeitungen

das **Zelt,** die Zelte

das **Zeugnis,** die Zeugnisse

ziehen

das **Zimmer,** die Zimmer

der **Zoo,** die Zoos

der **Zucker**

der **Zug,** die Züge

die **Zunge,** die Zungen

zurück

zusammen

zwei

Lösungen zu Heft 3

Einsterns Schwester 2

Arbeitsheft 3
Texte verfassen

Herausgegeben von
Roland Bauer
Jutta Maurach

Erarbeitet von
Katrin Baudendistel
Daniela Dreier
Alexandra Schwaighofer

Cornelsen

Inhaltsverzeichnis

Lernportion 1
Beschreibungen vorbereiten und erstellen

- ★ Beschreibungen ergänzen ... 5
- ★ Wörter zu einem Thema auswählen ... 6
- ★ Wörter zu einem Thema finden ... 7
- ★ Beschreibungen zusammensetzen ... 8
- ★ Beschreibungen erstellen ... 9
- ☆ Rätsel schreiben ... 10

Lernportion 2
Lebewesen beschreiben

- ★ Einen Steckbrief zu einer Person ergänzen ... 11
- ★ Passende Sätze zu einer Person auswählen ... 12
- ★ Passende Sätze zu einer Person schreiben ... 13
- ★ Steckbriefe zu Pflanzen ergänzen ... 14
- ☆ Pflanzen beschreiben ... 15
- ★ Ein Tier beschreiben ... 16
- ☆ Eine Suchanzeige für ein Tier schreiben ... 17

Lernportion 3
Zu Bildern schreiben

- ★ Sätze zu Bildern ordnen ... 18
- ★ Sätze zu Bildern schreiben ... 19
- ★ Sätze nach einer Bildfolge ordnen ... 20
- ★ Sätze nach einer Bildfolge schreiben ... 21
- ★ Sätze zu einem Bild ergänzen ... 22
- ☆ Frei zu einem Bild schreiben ... 23
- ★ Eine Bildergeschichte weiterschreiben ... 24
- ☆ Eine Bildergeschichte ergänzen und schreiben ... 25

Lernportion 4
Listen, Pläne, Tabellen

- ★ Namenslisten ausfüllen ... 26
- ★ Eine Einkaufsliste schreiben ... 27
- ★ Einen Wunschzettel schreiben ... 28
- ★ Namen in einen Geburtagskalender eintragen ... 29
- ☆ Einen Stundenplan ergänzen ... 30
- ☆ Einen Freizeitplan erstellen ... 31

Lernportion 5
Briefe und Botschaften

- ★ Eine Einladung schreiben ... 32
- ★ Ein Einladungsplakat schreiben und gestalten ... 33
- ★ Eine Postkarte schreiben ... 34
- ★ Einen Brief schreiben ... 35
- ☆ Eine E-Mail schreiben ... 36
- ☆ Eine Ballonpost schreiben ... 37

Lernportion 6
Gedichte schreiben

★ Reimwörter zuordnen ... 38
☆ Reimwörter ergänzen ... 39
★ Gedichtzeilen zuordnen ... 40
★ Einen Abzählvers schreiben ... 42
★ Ein Wortgedicht schreiben ... 43
★ Elfchen kennen lernen ... 44
☆ Elfchen schreiben ... 45

Lernportion 7
Handlungsabläufe beschreiben

★ Eine Bastelanleitung ordnen ... 46
★ Eine Spielanleitung ergänzen ... 47
☆ Ein Rezept schreiben ... 48
★ Eine Wegbeschreibung ordnen ... 49
★ Einen Morgenablauf beschreiben ... 50
☆ Einen Abendablauf beschreiben ... 51
★ Einen Wunschtag beschreiben ... 52

Lernportion 8
Geschichten schreiben

★ Den Verlauf einer Geschichte erkennen ... 53
★ Eine Entscheidungsgeschichte kennen lernen ... 54
★ Eine Entscheidungsgeschichte schreiben ... 55
★ Vier Absätze zu einer Geschichte ordnen ... 56
☆ Sechs Absätze zu einer Geschichte ordnen ... 57
★ Stichwörter in einer Geschichte unterstreichen ... 58
★ Eine Geschichte nach Stichwörtern schreiben ... 59
★ Wörter nach Themen ordnen ... 60
★ Zu einem Thema eine Geschichte schreiben ... 61
★ Eine Geschichte zu Ende schreiben ... 62
☆ Eine Fantasiegeschichte weiterschreiben ... 63

Lernportion 9
An Texten arbeiten

★ Texten eine Überschrift zuordnen ... 64
★ Den Aufbau einer Geschichte kennen lernen ... 65
★ Einleitungen kennen lernen ... 66
★ Einen passenden Schluss auswählen ... 67
★ Satzanfänge verändern ... 68
☆ Adjektive benutzen ... 69
★ Fehlerwörter verbessern ... 70
☆ Einen Text überarbeiten ... 71

So kannst du mit den Heften arbeiten

Du machst alle
Seiten der Lernportion 1.

Zuerst im grünen Heft.	Dann im roten Heft.	Dann im gelben Heft.	Und dann im blauen Heft.

Danach machst du in
allen Heften die Lernportion 2.

Nun machst du in
allen Heften die Lernportion 3.

Genauso bearbeitest du
alle anderen Lernportionen.

1 Lies die Sätze genau.
Ergänze die fehlenden Wörter.

~~rund~~ ~~roten~~ ~~blau~~ ~~weiß~~ ~~lang~~

~~laut~~ ~~hoch~~ ~~eckige~~ ~~schnell~~

Der Fußball ist rund.

Seine Farben sind schwarz und weiß.

Er soll in das eckige Tor.

Das Fahrrad ist blau.

Seine Klingel ist laut.

Man kann damit schnell fahren.

Die Schaukel hat einen roten Sitz.

Ihre Seile sind lang.

Sie fliegt hoch in die Luft.

1 Wörter zu einem Thema auswählen

1 Unterstreiche alle Wörter, die zum Thema Zoo passen.
Schreibe sie in die Zeilen um das Bild.

Affen | Käfig | Flugzeug | Seehunde | Futter | Schiff

Tierpfleger | Giraffen | Tafel | Eisbären | Wasserbecken

Affen

Seehunde

Käfig

Eisbären

Futter

Tierpfleger

Giraffen

Wasserbecken

1 Finde Wörter zum Thema Bauernhof.
Schreibe sie in die Zeilen.

Kühe

offene Lösung

offene Lösung

offene Lösung

offene Lösung

offene Lösung

offene Lösung

offene Lösung

offene Lösung

offene Lösung

1 Beschreibungen zusammensetzen

1 Schreibe zu jedem Bild die passenden Sätze.

Es ist eine Pflanze. | Es ist ein Ding. | Es hat Zweige und Blätter.

Es ist ein Tier. | Es hat eine Tür und ein Dach.

Es hat einen Stachel. | Seine Wurzeln sind in der Erde.

Menschen wohnen darin. | Es fliegt von Blume zu Blume.

Es ist eine Pflanze.

Es hat Zweige und Blätter.

Seine Wurzeln sind in der Erde.

Es ist ein Ding.

Es hat eine Tür und ein Dach.

Menschen wohnen darin.

Es ist ein Tier.

Es hat einen Stachel.

Es fliegt von Blume zu Blume.

1 Beschreibungen erstellen

1 Beschreibe, was auf den Bildern ist.

Es ist offene Lösung

Es ist offene Lösung

2 Male selbst etwas und beschreibe es.

Es ist offene Lösung

1 Rätsel schreiben

1 Lies die Rätsel.
Schreibe die Lösung in die Zeilen.

Es ist ein Ding.
Man kann es anziehen.
Es hat zwei lange Ärmel.
Es hat keine Knöpfe.

Lösung: Pulli

Es ist ein Tier.
Es legt Eier.
Es hat Federn.
Es lebt auf dem Bauernhof.

Lösung: Huhn

2 Schreibe selbst ein Rätsel.

Es ist offene Lösung

Lösung: offene Lösung

1 Ergänze den Steckbrief.

Pippi Langstrumpf	schwarz und schwarz-gelb gestreift

braun	rot	Zöpfe	blau mit weißen Punkten

Sommersprossen, kann auf den Händen laufen

Name: Pippi Langstrumpf

Haarfarbe: rot

Frisur: Zöpfe

Augenfarbe: braun

Strümpfe: schwarz und schwarz-gelb gestreift

Hose: blau mit weißen Punkten

Schuhe: schwarz

Besondere Kennzeichen: Sommersprossen, kann auf den Händen laufen

2 Passende Sätze zu einer Person auswählen

❶ Sieh dir die Bilder genau an.
Kreuze nur die passenden Sätze an.

- [x] Sie trägt Jeans.
- [ ] Sie ist sechzig Jahre alt.
- [ ] Ihre Haare sind kurz.
- [x] Auf ihrem T-Shirt ist ein Pferd.
- [x] Sie trägt Ringe.
- [ ] Sie hat eine Zahnlücke.
- [x] Ihre Augen sind braun.
- [ ] Sie isst einen Apfel.

- [x] Er liebt Kaugummiblasen.
- [ ] Er hat schwarze Haare.
- [x] Er trägt Turnschuhe.
- [ ] Er trägt eine Brille.
- [x] Er hat ein Buch in der Hand.
- [ ] Seine Augen sind grün.
- [ ] Er führt einen Hund an der Leine.
- [x] Seine Armbanduhr ist groß.

2 Passende Sätze zu einer Person schreiben

3

1 Beschreibe die Person mit passenden Sätzen.

Sie offene Lösung

2 Steckbriefe zu Pflanzen ergänzen

1 Sieh dir die Fotos genau an. Ergänze die Steckbriefe.

~~Sonnenblume~~	~~Schneeglöckchen~~	~~klein~~	~~groß~~	~~Winter~~	~~Sommer~~
~~weiß~~	~~gelb~~	~~wie eine Sonne~~	~~wie eine Glocke~~	~~schmal~~	~~breit~~

Name: Sonnenblume

Größe: groß

Sie blüht im: Sommer

Farbe der Blüte: gelb

Form der Blüte: wie eine Sonne

Form der Blätter: breit

Name: Schneeglöckchen

Größe: klein

Sie blüht im: Winter

Farbe der Blüte: weiß

Form der Blüte: wie eine Glocke

Form der Blätter: schmal

2 Pflanzen beschreiben

1 Ergänze die Beschreibung dieser Blume.

Diese Blume heißt Sonnenblume.

Sie ist eine große Blume.

Sie blüht im Sommer.

Die Farbe ihrer Blüte ist gelb.

Die Form ihrer Blüte ist wie eine Sonne.

Die Form ihrer Blätter ist breit.

Die Steckbriefe auf Seite 14 helfen dir.

2 Beschreibe diese Blume.

Diese Blume heißt Schneeglöckchen.

Sie ist eine kleine Blume.

Sie blüht im Winter.

Die Farbe ihrer Blüte ist weiß.

Die Form ihrer Blüte ist wie eine Glocke.

Die Form ihrer Blätter ist schmal.

2 Ein Tier beschreiben

1 Lies die Beschreibungen genau.
Ergänze den zweiten Tiernamen.

Dieses Tier heißt Amsel.

Es lebt in Gärten und Parks.

Es frisst Regenwürmer, Insekten und Beeren.

Das Männchen ist schwarz und hat einen gelben Schnabel.

Dieses Tier heißt Eichhörnchen.

Es lebt auf Bäumen.

Es frisst Nüsse und Eicheln.

Es hat einen buschigen Schwanz.

2 Beschreibe das Tier.

Dieses Tier

offene Lösung

2 Eine Suchanzeige für ein Tier schreiben

3

1 Lies die Suchanzeige genau.
Schreibe eine ähnliche Suchanzeige für den Pudel.

Wer hat unsere Katze gesehen?

Mini ist entlaufen!
Wir suchen seit dem Wochenende
unsere graue Katze. Sie trägt ein rotes Halsband
mit einem silbernen Namensanhänger.
Ihre linke Vorderpfote ist weiß. Hinweise bitte
an Familie Pfeifer (Tel.: 07071/9466755)

Wer hat unseren
Pudel gesehen?

offene Lösung

3 Sätze zu Bildern ordnen

1 Ordne die Sätze den Bildern zu.

Moment, da ist noch eines.	Da kommt der Wind.
Anton hat alle Blätter zusammengeharkt.	Anton will das Blatt holen.

Anton hat alle Blätter
zusammengeharkt.

Moment, da ist
noch eines.

Anton will
das Blatt holen.

Da kommt der Wind.

Ole Könnecke

3 Sätze zu Bildern schreiben

❶ Schreibe zu jedem Bild einen Satz.

Anton

offene Lösung

offene Lösung

offene Lösung

offene Lösung

Ole Könnecke

3 Sätze nach einer Bildfolge ordnen

1 Ordne Bilder und Sätze passend zu. Trage die Zahlen ein.

2 Da sehen sie dunkle Wolken am Himmel.

1 Lisa und Tom spielen im Freibad mit dem Wasserball.

4 Während des Gewitters stellen sie sich in einem Häuschen unter.

3 Schnell steigen die beiden aus dem Wasser.

2 Schreibe die Sätze in der richtigen Reihenfolge ab.

Lisa und Tom spielen im Freibad
mit dem Wasserball. Da sehen sie
dunkle Wolken am Himmel. Schnell
steigen die beiden aus dem Wasser.
Während des Gewitters stellen sie
sich in einem Häuschen unter.

3 Sätze nach einer Bildfolge schreiben

★ 3

① Schreibe eine Geschichte zu der Bildfolge.
Die Wörter helfen dir dabei.

1	2	3	4
Kuchen backen Salz statt Zucker	Teig Backform Backofen	Kuchen fertig Tisch gedeckt	Kuchen probiert versalzen

Papa und Lisa offene Lösung

3 Sätze zu einem Bild ergänzen

1 Sieh dir das Bild an und ergänze die Sätze.

Die Sonne scheint.

Am Himmel sind drei Wolken.

Auf der Insel offene Lösung

Im Boot offene Lösung

Im Wasser offene Lösung

Auf den Luftmatratzen offene Lösung

3 Frei zu einem Bild schreiben

1 Sieh dir das Bild an. Schreibe Sätze dazu.

Die Sonne offene Lösung

3 Eine Bildergeschichte weiterschreiben

1 Schreibe die Geschichte weiter.

Tim möchte Lisa etwas schenken.
Er sieht eine Wiese mit Pusteblumen
und pflückt einen Blumenstrauß.

Tim trifft sich mit Lisa.
Er übergibt ihr den Blumenstrauß.
Sie freut sich sehr über das schöne Geschenk.

offene Lösung

3 Eine Bildergeschichte ergänzen und schreiben

1 Ergänze das letzte Bild. Schreibe eine Geschichte zu den Bildern.

offene Lösung

offene Lösung

4 Namenslisten ausfüllen

1 Wähle für jede Liste Kinder aus deiner Klasse aus.

Mädchen	Jungen
offene Lösung	offene Lösung

Kinder mit Brille	Kinder mit blauen Augen
offene Lösung	offene Lösung

Kinder mit braunen Haaren	Kinder mit kurzen Haaren
offene Lösung	offene Lösung

4 Eine Einkaufsliste schreiben

1 Vergleiche mit dem Bild. Kreuze den richtigen Einkaufszettel an.

○	○	☒
Wurst	Brot	Milch
Äpfel	Weintrauben	Eier
Saft	Eier	Brot
Kartoffeln	Wurst	Bananen
Marmelade	Nudeln	Salat
Kekse	Milch	Schokolade
Salat	Gurke	Käse

2 Schreibe einen Einkaufszettel, der zum Wageninhalt passt.

Milch	Brot
Äpfel	Salat
Käse	Eier
Spagetti	Wurst

4 Einen Wunschzettel schreiben

1 Was wünscht sich Tim zum Geburtstag?
Schreibe seinen Wunschzettel.

Tims Wunschzettel

eine Torte

einen Fußball

eine Taschenlampe

eine Taucherbrille

2 Was wünschst du dir zum Geburtstag?
Male deine Wünsche. Schreibe deinen Wunschzettel.

Mein Wunschzettel

offene Lösung

4 Namen in einen Geburtagskalender eintragen

3

1 Trage die Namen in den Geburtstagskalender ein.

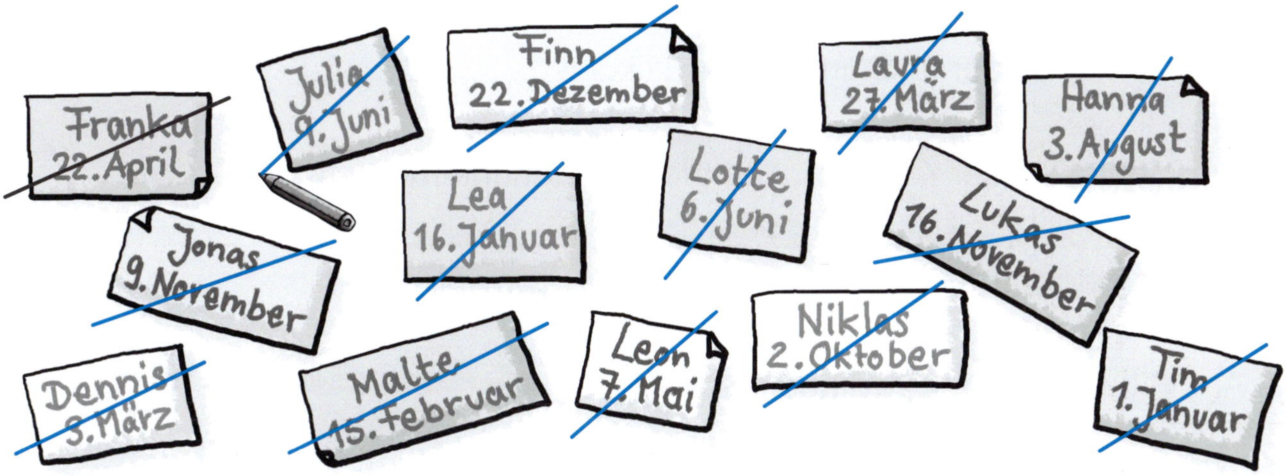

Januar	Februar	März
Tim Lea	Malte	Dennis Laura
April	**Mai**	**Juni**
Franka	Leon	Lotte Julia
Juli	**August**	**September**
	Hanna	
Oktober	**November**	**Dezember**
Niklas	Lukas Jonas	Finn

4 Einen Stundenplan ergänzen

1 Ergänze Lisas Stundenplan. Verwende die **Abkürzungen**.

Am Montag in der 1. Stunde ist **Mu**sik.

Am Montag in der 4. und 5. Stunde ist **Sa**chunterricht.

Am Dienstag in der 2. Stunde ist **Ku**nst.

Am Mittwoch in der 2. Stunde ist **M**athe.

Am Mittwoch in der 3. Stunde ist **Sp**ort.

Am Donnerstag in der 1. Stunde ist **Reli**gion.

Am Freitag in der 3. Stunde ist **D**eutsch.

Lisas Stundenplan

	Montag	Dienstag	Mittwoch	Donnerstag	Freitag
1. Stunde	Mu	M	D	Reli	Reli
2. Stunde	D	Ku	M	D	M
3. Stunde	M	Sp	Sp	Mu	D
4. Stunde	Sa	D	Ku	M	Sa
5. Stunde	Sa				

4 Einen Freizeitplan erstellen

1 Ergänze Tims Freizeitplan. Verwende die **Abkürzungen**.

Tim geht jeden Montag um 15 Uhr zum **Fuß**balltraining.

Nach dem Training hat er nur eine Stunde Pause,
dann beginnt montags um 17 Uhr seine **Flöte**nstunde.

Dienstags und mittwochs besucht Tim
die **Haus**aufgabenbetreuung um 13 Uhr.

Donnerstags isst Tim um 14 Uhr bei seinem Freund **Max**imilian.

Am Freitag besucht Tim um 13 Uhr die **Tanz**-AG in der Schule.

Am Wochenende ist Tim nicht verplant.

Tims Freizeitplan

	Montag	Dienstag	Mittwoch	Donnerstag	Freitag
13 Uhr		Haus	Haus		Tanz
14 Uhr				Max	
15 Uhr	Fuß				
16 Uhr					
17 Uhr	Flöte				

5 Eine Einladung schreiben

1 Lies dir Lisas Geburtstagseinladung durch.

Einladung zum Geburtstag

für Tim

am Freitag, 14. März

von 15 bis 18 Uhr

im Lerchenweg 10

Kommst du? Bitte gib mir Bescheid.

Telefonnummer: 0531-31501069

Viele Grüße von Lisa

2 Schreibe eine Einladung zu deiner Geburtstagsfeier.

Einladung zum Geburtstag

Für wen? ____________________

Datum ____________________

Uhrzeit ____________________

Ort ____________________

____

Telefon ____________________

Von wem? ____________________

5. Ein Einladungsplakat schreiben und gestalten ★ 3

1 Gestalte ein Plakat mit einer Einladung zum Klassenfest.
Achte auf alle wichtigen Informationen.
Schreibe und male.

| Für wen? | Datum | Uhrzeit | Ort | Von wem? |

EINLADUNG

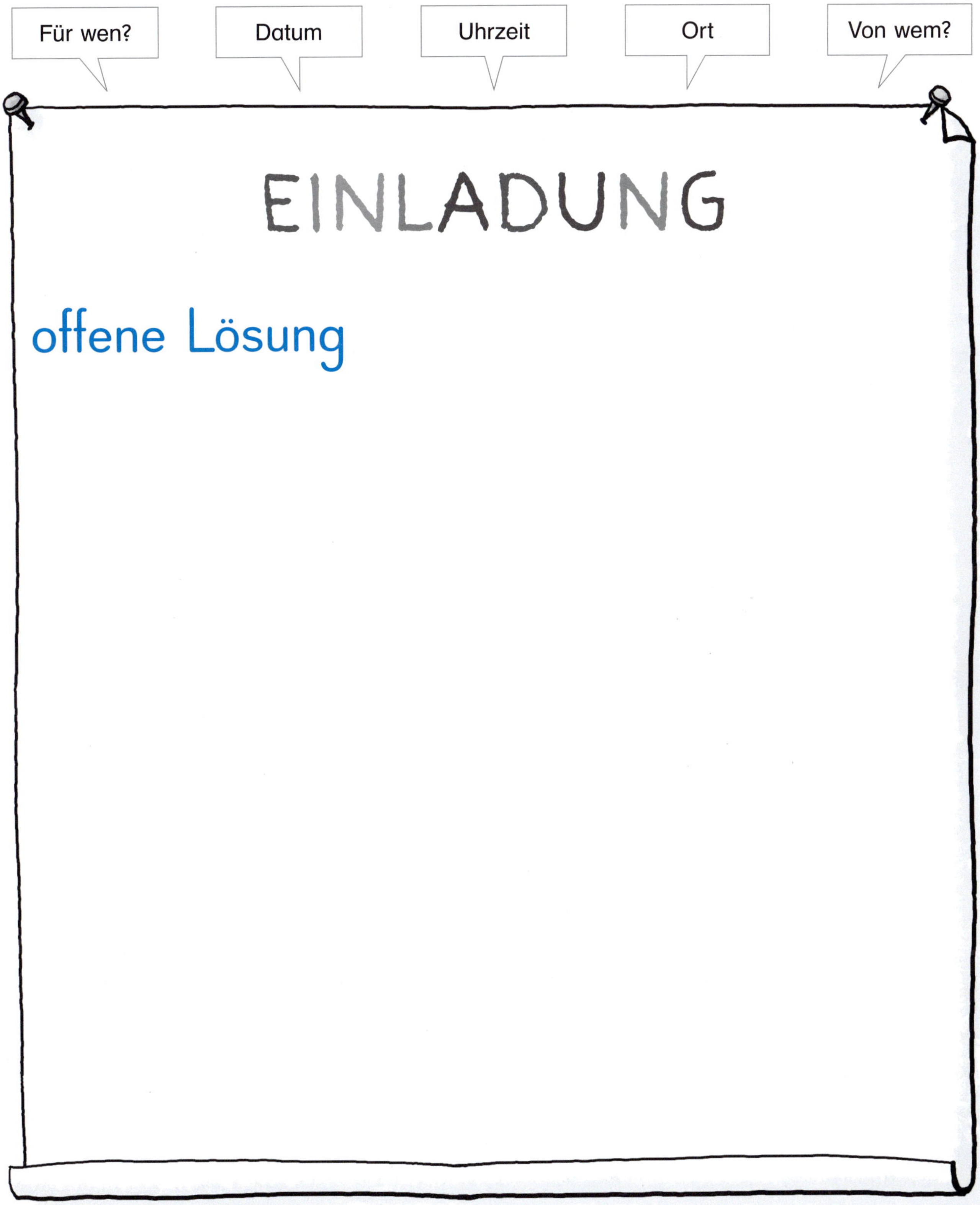

offene Lösung

5 Eine Postkarte schreiben

1 Lies die Postkarte und schaue sie genau an.

Anrede

Liebe Bettina,
viele Grüße aus
Österreich. Wir
wandern jeden
Tag. Das Wetter
ist sehr schön.
Viele Grüße
Deine Alexandra

An
Bettina Fuchs
Buchenweg 7
72072 Tübingen

Grüße

Adresse

2 Schreibe selbst eine Postkarte.

Anrede

offene Lösung

An
offene Lösung

Grüße

Adresse

5 Einen Brief schreiben

3

1 Schau dir den Brief genau an.

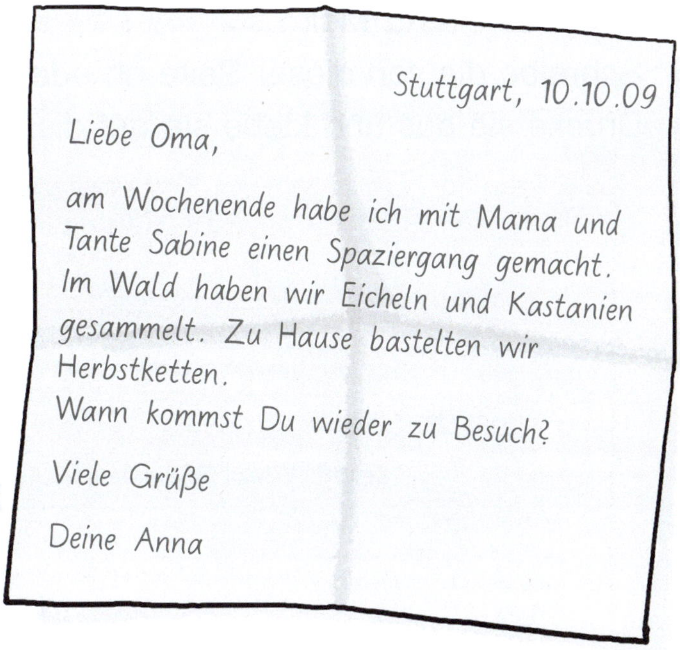
Stuttgart, 10.10.09

Liebe Oma,

am Wochenende habe ich mit Mama und Tante Sabine einen Spaziergang gemacht. Im Wald haben wir Eicheln und Kastanien gesammelt. Zu Hause bastelten wir Herbstketten.

Wann kommst Du wieder zu Besuch?

Viele Grüße

Deine Anna

2 Schreibe einen Brief. Berichte, was du erlebt hast: am Wochenende, in der Schule, …

Ort, Datum

offene Lösung

Anrede

Grüße

5 Eine E-Mail schreiben

1 Schreibe eine E-Mail.
Schreibe die von dieser Seite ab oder erfinde eine eigene.
Drucke sie aus und klebe sie auf diese Seite.

E-Mail für Einsterns Schwester

Senden | Anhang | Adressen | Schriften | Farben | Als Entwurf sichern

An: lola@einsterns-schwester.de
Kopie:
Betreff: E-Mail für Einsterns Schwester
Von: Signatur: Keine

Liebe Lola,

Du bekommst meine Nachrichten jetzt viel schneller.
Als wir uns noch Briefe geschrieben haben,
dauerte es mindestens zwei Tage, bis sie ankamen.
Jetzt können wir uns mehrere E-Mails am Tag
schreiben. Du kannst dann sofort antworten.
Ist das nicht toll?

Viele Grüße

Deine Tina

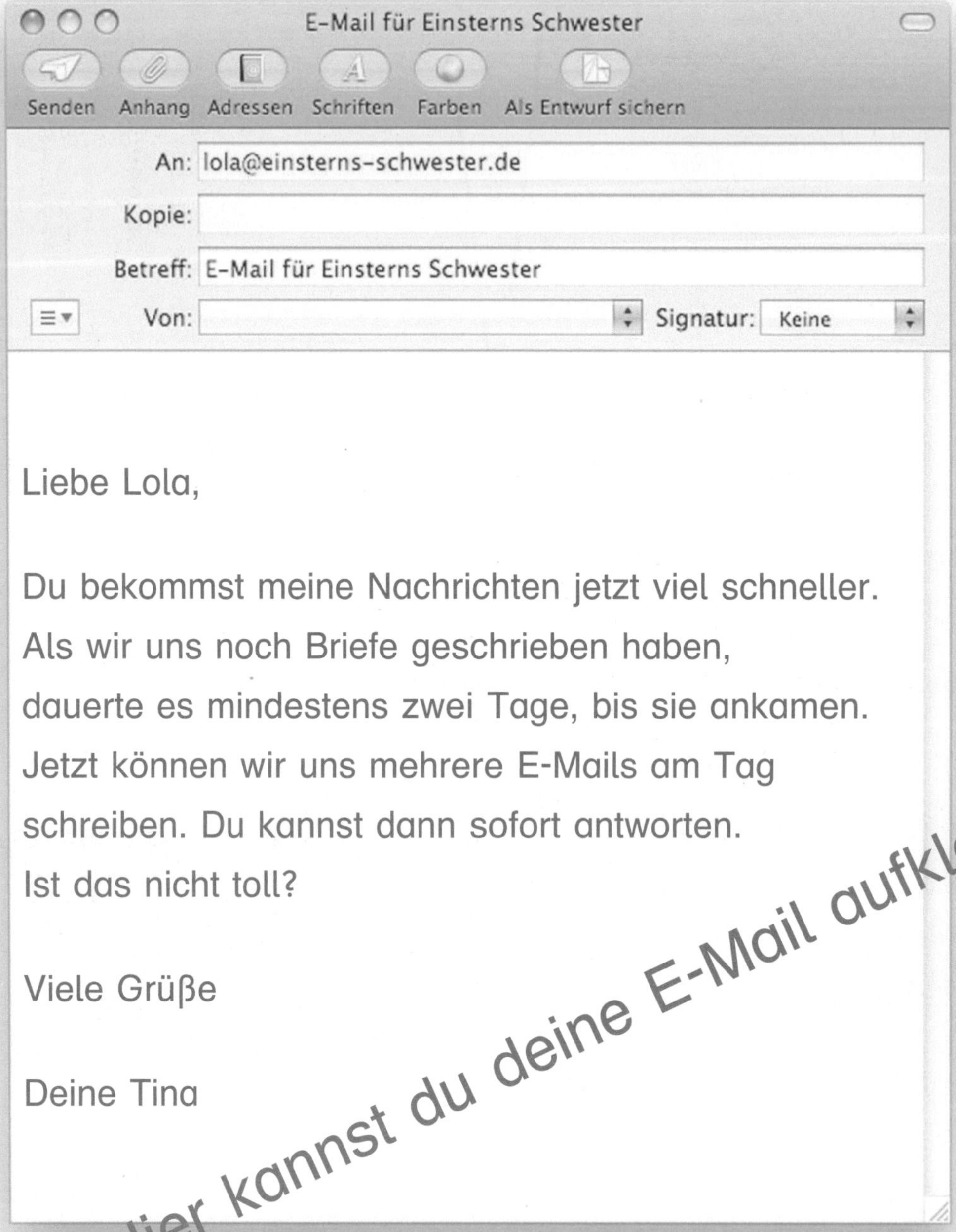

Hier kannst du deine E-Mail aufkleben.

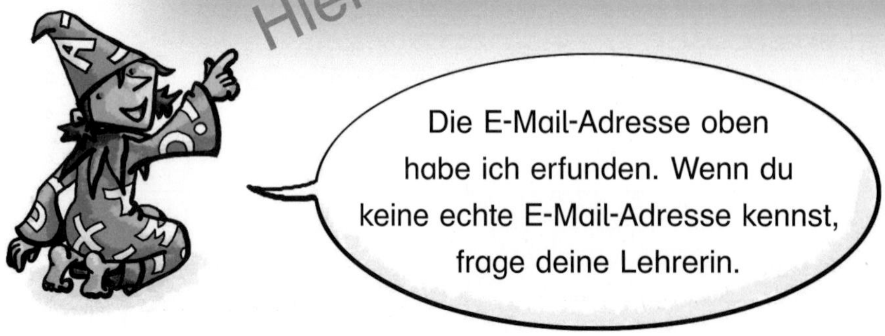

Die E-Mail-Adresse oben
habe ich erfunden. Wenn du
keine echte E-Mail-Adresse kennst,
frage deine Lehrerin.

5 Eine Ballonpost schreiben

3

An Tims Geburtstag verschickt jedes Kind eine Ballonpost.
Die Kinder sind gespannt, wo ihre Ballons wohl landen werden.
Alle hoffen, dass jemand ihre Karten findet und zurückschickt.

1 Lies die Ballonpost, die Tim zurückbekommen hat.

Tim
wird heute 8 Jahre alt.
Viel Glück!
Wenn Du diese Karte findest,
schicke sie bitte zurück.
Finder:
Svenja Krost
Fundort:
Erfurt
45
An
Tim Hoff
Torstr. 8
97896 Boxtal

2 Schreibe eine Ballonpost, die nach deinem Geburtstag zurückgeschickt wird. Wer hat sie gefunden?

offene Lösung

wird heute ______ Jahre alt.
Viel Glück!

Wenn Du diese Karte findest,
schicke sie bitte zurück.

Finder:

____

Fundort:

____

offene Lösung

____

____

____

6 Reimwörter zuordnen

1 Ordne die richtigen Wörter zu und trage sie ein.

| predigt | tragen | brüten | wackeln | aus | spuckt | liebt |

Ein Kind singt auf dem Schulweg

Wenn die Pferde auf den Blüten
sitzen und dort Eier brüten,

wenn vor lauter dicken Dackeln
alle Pflastersteine wackeln,

wenn der Pfarrer, ganz erledigt,
in der Badehose predigt,

wenn an heißen Wintertagen,
Purzelbäume Äpfel tragen,

wenn Frau Schmidt das Meer verschluckt
und ins Goldfischgläschen spuckt,

wenn es einen Schneefrosch gibt,
eine Maus, die Katzen liebt,

einen Lift im Schneckenhaus –
dann erst fällt die Schule aus.

Georg Bydlinski

6 Reimwörter ergänzen

3

1 Lies das Gedicht.
Ergänze die fehlenden Reimwörter.

Wir

Ich bin ich und du bist du.
Wenn ich rede, hörst du zu.

Wenn du sprichst, dann bin ich still,
weil ich dich verstehen will.

Wenn du fällst, helf ich dir auf,
und du fängst mich, wenn ich lauf.

Wenn du kickst, steh ich im Tor,
pfeif ich Angriff, schießt du vor.

Spielst du pong, dann spiel ich ping,
und du trommelst, wenn ich sing.

Allein kann keiner diese Sachen,
zusammen können wir viel machen,

Ich mit dir und du mit mir,
das sind wir.

Irmela Brender

6 Gedichtzeilen zuordnen

1 Ordne dem Gedicht die passenden Zeilen zu.

Ein Krokodil

am Tage ist es faul.

und frisst mich dann.

da seh ich es schon hocken.

Ich träum, es kommt ein Krokodil
mit einem großen Maul.
Am Tage liegt's auf einem Stein,
am Tage ist es faul.

Und dann am Abend wird es wach
und macht sich auf die Socken.
Es kriecht zu unserm Haus aufs Dach,
da seh ich es schon hocken.

Doch wenn es erst ganz dunkel ist,
dann schleicht es sich heran.
Es will zu mir herein
und frisst mich dann.

ich hab nur was vergessen.

glaub ich, es ist ein Drachen.

und reißt sein Maul schon auf.

Es hinkt durchs Haus, das hör ich doch,
es steigt die Treppe rauf.
Dann kommt's herein durchs Schlüsselloch
und reißt sein Maul schon auf.

Es hat 'ne Menge Zähne in
dem großen roten Rachen.
Und weil es auch noch Flügel hat,
glaub ich, es ist ein Drachen.

Was willst du hier, schrei ich ganz laut,
ich glaub, du willst mich fressen.
Nein, sagt das Krokodil und schaut,
ich hab nur was vergessen.

Hanna Johansen

6 Einen Abzählvers schreiben

1 Lies dir die Abzählverse durch.
Wähle einen Abzählvers und schreibe ihn ab.
Du kannst auch einen anderen Abzählvers aufschreiben.

Paul Pau li ne,
Ap fel si ne,
Ap fel ku chen,
du musst su chen.

Ein ro tes, al tes Schiff
fuhr auf ein gro ßes Riff.
Dort schwamm ei ne Maus
und du bist raus.

Auf der Lei ter
sitzt ein Hahn,
der kräht lus tig,
du fängst an.

offene Lösung

6 Ein Wortgedicht schreiben ★ 3

1 Lies dir das LOLA-Wortgedicht durch.
Ergänze die Wortgedichte zu TIM und LEA.
Finde zu jedem Buchstaben ein passendes Adjektiv.

Das Wörterbuch hilft dir.

L USTIG
O RDENTLICH
L IEB
A LBERN

T OLL
I offene Lösung
M

L offene Lösung
E
A

6 Elfchen kennen lernen

1 Diese Gedichtform heißt Elfchen.
Zähle die Wörter in jeder Zeile. Schreibe die Zahl auf die Linie.
Zähle die Wörter in jedem Gedicht. Schreibe die Zahl in den Rahmen.

Helau 1
Tolle Kostüme 2
Piraten, Hexen, Ritter 3
Ich bin eine Prinzessin 4
Fasching 1

11

Versteckt 1
Bunte Eier 2
Hasen aus Schokolade 3
Ich suche im Garten 4
Ostern 1

11

Tannenbaum 1
Kerzen brennen 2
Wir singen Lieder 3
Ich öffne meine Geschenke 4
Weihnachten 1

11

6 Elfchen schreiben

3

① Lies dir das Frühlingselfchen durch.

Schön
Viele Tulpen
Rote, weiße, gelbe
Ich pflücke einen Strauß
Frühling

② Schreibe selbst ein Elfchen zu einer der Jahreszeiten:
Frühling, Sommer, Herbst oder Winter. Male dazu.

offene Lösung

Achte in jeder Zeile auf die Anzahl der Wörter.

7 Eine Bastelanleitung ordnen

1 Nummeriere die Sätze in der richtigen Reihenfolge. Schreibe danach die Bastelanleitung auf.

Du brauchst:
halbe Nussschalen,
Filzstift, Klebstoff,
Filz, Wolle.

Mäuse aus Nussschalen

3	Nun klebst du die Ohren auf die Nussschale.	2	Dann schneidest du aus Filz Ohren aus.
4	Zuletzt klebst du ein Stück Wolle als Schwänzchen an.	1	Zuerst malst du mit einem Filzstift zwei Augen auf deine Nussschale.

Zuerst malst du mit einem Filzstift
zwei Augen auf deine Nussschale.
Dann schneidest du aus Filz Ohren
aus. Nun klebst du die Ohren auf
die Nussschale. Zuletzt klebst du ein
Stück Wolle als Schwänzchen an.

Eine Spielanleitung ergänzen

1 Betrachte die Bilder. Ergänze die Spielanleitung.

Schwänzchen sammeln

Zuerst stecken

offene Lösung

Danach

offene Lösung

Nun

offene Lösung

Zuletzt

offene Lösung

7 Ein Rezept schreiben

Zutaten für 4 Kinder:
8 Eier, 4 Esslöffel Öl,
1 Tassse Milch,
1 Packung Speck (Würfel),
Salz, Pfeffer

1 Wie machst du Rührei mit Speck?
Nummeriere das Rezept
in der richtigen Reihenfolge.

4	Öl und Speck in einer Pfanne erhitzen
1	Eier in eine Schüssel schlagen
3	Eiermilch mit einer Gabel gut duchrühren
2	Milch, Salz und Pfeffer dazugeben
5	Eiermilch mit dem Speck braten und dabei gut durchrühren

2 Schreibe auf, wie du Rührei mit Speck machst.

Zuerst schlage ich die Eier in eine
Schüssel. Als Nächstes gebe ich Milch,
Salz und Pfeffer dazu. Danach rühre ich
die Eiermilch mit einer Gabel gut durch.
Nun erhitze ich Öl und Speck in einer
Pfanne. Zuletzt brate ich die Eiermilch
mit dem Speck und rühre dabei gut durch.

Eine Wegbeschreibung ordnen

1 Tim geht in die Bücherei. Sieh dir den Plan an.
Nummeriere die Wegbeschreibung in der richtigen Reihenfolge.

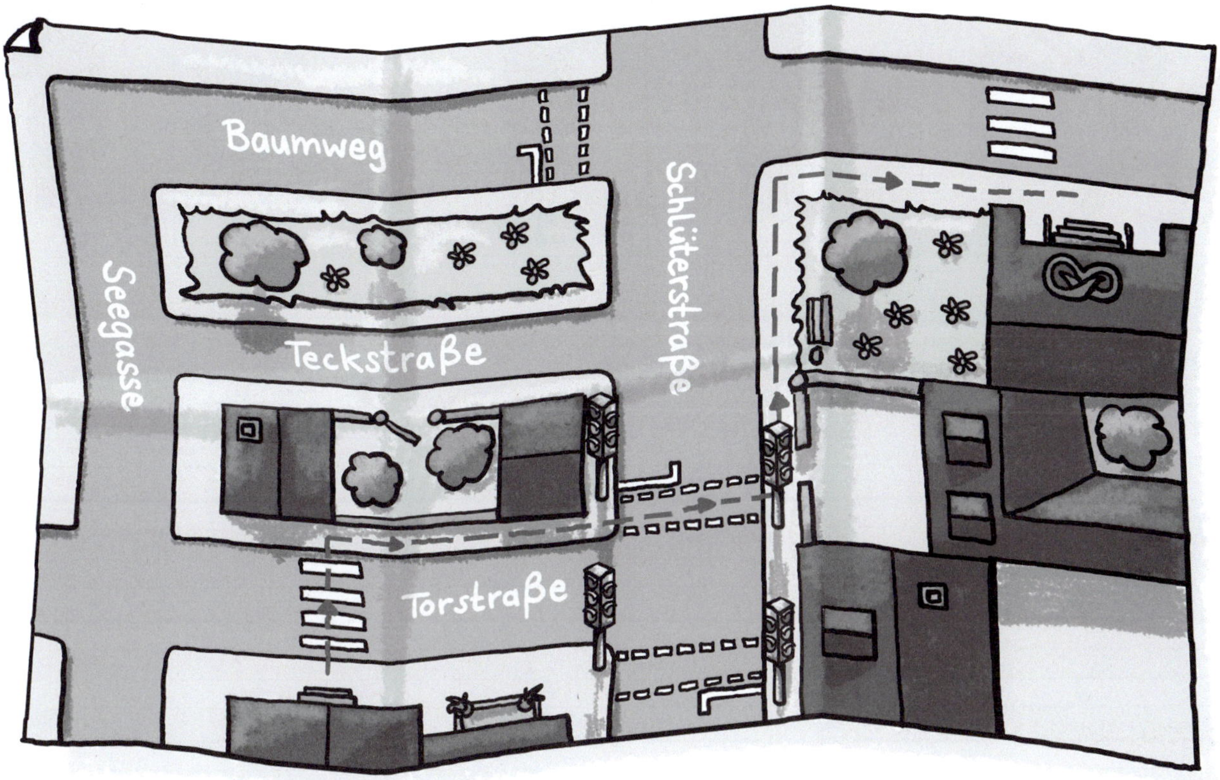

2 Dann biegt er rechts ab und läuft die Torstraße entlang.

5 Nun biegt er rechts ab und steht nach wenigen Schritten vor der Bücherei.

3 Als Nächstes überquert er an der Ampel die Schlüterstraße.

1 Zuerst kommt Tim aus dem Haus und geht über den Zebrastreifen.

4 Danach läuft er die Schlüterstraße entlang bis zur Kreuzung.

7 Einen Morgenablauf beschreiben

1 Beschreibe, was Lisa morgens tut.

Zuerst steht Lisa auf.

Als Nächstes offene Lösung

7 Einen Abendablauf beschreiben

3

1 Beschreibe, was Lisa abends tut.

Zuerst sieht Lisa eine Sendung im Fernsehen an. Als Nächstes offene Lösung

7 Einen Wunschtag beschreiben

1 Wie sieht dein Wunschtag aus? Ergänze die Sätze.

Um Uhr wache ich auf.

Zum Frühstück gibt es

offene Lösung

.

Am Vormittag

Zum Mittagessen

Am Nachmittag

Zum Abendessen

Um Uhr gehe ich ins Bett

und träume von

.

8 Den Verlauf einer Geschichte erkennen

3

1 Welche Rahmen gehören zur Geschichte Ein Regen-Nachmittag?
Lies genau und kreuze sie an.

Ein Regen-Nachmittag

[x] Es regnete. Lustlos sah Lisa aus dem Fenster.
„Blöd! Jetzt kann ich nicht in den Garten“, schimpfte sie.

[ ] Der große Hund
rannte auf Laura zu.
Er wurde immer schneller.
Aber Lisa sah ihm
fest in die Augen.
Da wurde er plötzlich
langsamer.

[x] Lisa hätte auch gerne mit
ihrem großen Bruder gespielt.
Aber der hatte keine Zeit.
So legt sie sich in ihrem Zimmer
auf ihr Kuschelfell.
Da fiel ihr der Schuhkarton
unter ihrem Bett auf.

[x] Schnell holte Lisa ihn hervor
und öffnete den Deckel.
In dem Karton waren
alte Bilder und Briefe.
„Hallo, ich bin wieder da“,
rief Papa aus dem Flur.
„Wollen wir etwas spielen?“

[ ] Plötzlich tauchte im Nebel
das Haus auf.
Laura hatte den Weg
zurück gefunden.
Froh rannte sie hinein
und umarmte ihren Vater
und ihre Mutter.

[ ] Schweißgebadet
erwachte Laura.
Sie schaute sich um
und sah ihr Kinderzimmer.
Sie hatte alles
nur geträumt.

[x] Aber Lisa war so
in ihren Karton vertieft,
dass sie Papa gar nicht hörte.
Obwohl es regnete,
war dies ein spannender
Nachmittag geworden.

8 Eine Entscheidungsgeschichte kennen lernen

❶ Du kannst auswählen, wie die Geschichte verläuft.
Bei jedem Rahmen musst du dich für einen Pfeil entscheiden.
Male die vier Pfeile aus, die deine Geschichte ergeben.

offene Lösung

Es war Sonntag. Tim wollte einen Ausflug machen.

Er ging mit seinem Vater zum Angeln an einen See.

Mit einem Freund ging er an einen Bach zum Angeln.

Tim angelte einen alten Schuh.

Tim angelte einen Fisch.

Tim warf ihn wieder ins Wasser.

Tim nahm ihn mit nach Hause.

Zu Hause erzählte Tim seiner Mutter von seinem Angelerlebnis.

8 Eine Entscheidungsgeschichte schreiben

3

1 Schreibe deine Geschichte von Seite 54 auf.

Es war Sonntag. Tim wollte einen Ausflug machen. offene Lösung

Vier Absätze zu einer Geschichte ordnen

1 Bringe die Geschichte in die richtige Reihenfolge.
Trage die Zahlen 1 bis 4 ein.

Im Schwimmbad

2 Zuerst haben wir im Kinderbecken mit dem Wasserball gespielt. Dann sind wir vom Sprungbrett ins tiefe Wasser gesprungen.

1 Gestern Nachmittag war ich mit Anna im Schwimmbad. Wir sind mit unseren Fahrrädern dorthin gefahren.

4 Um 17 Uhr sind wir dann wieder nach Hause gefahren. Morgen gehen wir wieder zusammen ins Schwimmbad.

3 Anschließend sind wir dann noch drei Bahnen geschwommen. Da war Anna schneller als ich.

8 Sechs Absätze zu einer Geschichte ordnen

3

1 Diese Geschichte ist durcheinandergeraten.
Bringe die Absätze in die richtige Reihenfolge.
Trage die Zahlen 1 bis 6 ein.

Drachen im Baum

6 Erleichtert gingen die beiden nach Hause. In Zukunft werden sie besser auf ihre Drachen aufpassen.

1 Draußen war es sehr windig. Florian und Tanja wollten ihre neuen Drachen steigen lassen.

4 Auch Tanja wollte ihren Drachen herunterholen. Doch dann kam eine Windböe und der Drachen verfing sich im Apfelbaum.

3 Der Wind wurde immer stärker. Die beiden konnten ihre Drachen kaum noch halten. Florian holte seinen Drachen zurück.

5 Tanja war traurig und weinte. Zum Glück kam der Nachbar und holte ihr den Drachen vom Baum.

2 Sie gingen mit ihren Drachen auf die Wiese, auf der einige Obstbäume standen. Im Nu flogen beide Drachen am Himmel.

8 Stichwörter in einer Geschichte unterstreichen

1 Finde und unterstreiche die Stichwörter in der Geschichte.

Paul übernachtet bei Oli

~~Paul~~ ~~Oli~~

~~spielen~~ ~~Kinderzimmer~~

~~Spaß~~

~~verkleiden~~ ~~Piraten~~

~~Abendessen~~ ~~Würstchen~~ ~~Pommes~~

~~Bett~~ ~~Gruselgeschichten~~

Paul besucht Oli.

Zuerst spielen sie im Kinderzimmer.

Dabei haben sie sehr viel Spaß.

Anschließend verkleiden sie sich als Piraten.

Zum Abendessen gibt es Würstchen mit Pommes und Ketchup.

Als sie ins Bett gehen, erzählen sie sich noch Gruselgeschichten.

1 Schreibe eine Geschichte. Benutze die Stichwörter.

Lisa und Lea spielen zusammen

~~Lisa~~ ~~Lea~~

~~schaukeln~~ ~~Garten~~

~~Spaß~~

~~Sandkasten~~ ~~Kuchen~~ ~~backen~~

~~Abendessen~~ ~~Papa~~ ~~grillen~~ ~~Würstchen~~

~~Lisas Mama~~ ~~abholen~~ ~~winken~~

Lisa besucht Lea. Zuerst offene Lösung

8 Wörter nach Themen ordnen

❶ Unterstreiche alle Wörter zum Thema Fußball.

Elfmeter | Stall | Mähne | Torwart | Rote Karte | Sattel

Hindernis | Anpfiff | zuspielen | Ausritt | herunterfallen

galoppieren | foulen | Schiedsrichter | Reiterin | rennen

❷ Ordne die Wörter in die Tabelle.

Fußball	Pferde
Elfmeter	Stall
Torwart	Mähne
Rote Karte	Sattel
Anpfiff	Hindernis
zuspielen	Ausritt
foulen	herunterfallen
Schiedsrichter	galoppieren
rennen	Reiterin

8 Zu einem Thema eine Geschichte schreiben

1 Schreibe eine Geschichte zum Thema Fußball oder zum Thema Pferde.
Die Wörter auf Seite 60 können dir helfen.

Meine geschichte

offene Lösung

8 Eine Geschichte zu Ende schreiben

1 Lies dir den Anfang der Geschichte durch.
Schreibe sie weiter.

Tina hat ein fliegendes Bett

Heute ging Tina ganz früh ins Bett. Sie war richtig sauer.
Den ganzen Tag hatte sie sich mit ihrer Schwester Betti gestritten.
Betti hatte Tinas Puppe die Haare abgeschnitten.
Am liebsten wäre sie weit, weit weg. Fort von ihrer Schwester.
Nun versuchte sie zu schlafen.

Plötzlich offene Lösung

8 Eine Fantasiegeschichte weiterschreiben

3

1 Lies dir den Anfang der Geschichte durch.
Schreibe sie weiter.

Olaf und die Zauberkatze

Olafs Traum ging in Erfüllung!
Er bekam eine Katze zum Geburtstag.
„Sie ist die schönste Katze der Welt!“, rief Olaf.
Die Katze hatte sich schnell in ihrer neuen Umgebung eingelebt.
Doch bald bemerkte Olaf, dass seine Katze nicht normal war.

Sie offene Lösung

9 Texten eine Überschrift zuordnen

1 Lies die Texte. Ordne die passende Überschrift zu.
Erfinde für den dritten Text selbst eine Überschrift.

~~Ein Wandertag mit Schrecken~~ ~~Ein gelungener Wandertag~~

Ein gelungener Wandertag

Die Klasse 2a machte kurz vor den Ferien eine Wanderung.
Sie liefen zu einem Waldspielplatz mit einer Grillstelle.
Die Kinder suchten Holz und zündeten mit der Lehrerin ein Feuer an.
Alle rösteten darüber Stockbrot. Es schmeckte sehr lecker!
Danach spielten sie auf dem Spielplatz. Das war ein toller Wandertag.

Ein Wandertag mit Schrecken

Die Klasse 2b wanderte zu einer Burgruine. Dort aßen sie ihr Picknick und erkundeten das Gelände. Als Tim auf eine alte Burgmauer kletterte, verlor er das Gleichgewicht und fiel hin. Sein Arm tat weh und wurde dick.
Am nächsten Tag kam er mit einem Verband in die Schule.
Er hatte sich den Arm verstaucht.

offene Lösung

Die Klasse 2c wanderte zu einer Quelle, aus der ein kleiner Bach entsprang. Dort wollte Lea ihr selbst gebautes Boot erproben. Doch sie rutschte aus und landete im Wasser. Gerade wollte sie anfangen zu weinen, als sie sah, wie ihr Boot losschwamm. Nun freute sie sich und war stolz.
Zum Glück war es so heiß, dass ihre Kleider bald trockneten.

9 Den Aufbau einer Geschichte kennen lernen

3

1 Lies die Absätze.
Schreibe über jeden Absatz den richtigen Begriff.

Wie fing es an? ~~Einleitung~~

Was ist passiert? ~~Hauptteil~~

Wie hörte es auf? ~~Schluss~~

Den Anfang
einer Geschichte nennt
man Einleitung.

Einleitung

Susanne geht in die zweite Klasse.
Ihre Schule machte gestern einen Wandertag
zu einem Abenteuerspielplatz.
Um 8 Uhr ging es los.

Hauptteil

Dort machten die Kinder erst eine Vesperpause.
Als Nächstes erkundeten sie den Spielplatz.
Susanne fuhr mit der Seilbahn und schaukelte.
Danach spielte sie mit Tim, Leo und Jasmin in der Ritterburg.
Dabei hatten sie viel Spaß.

Schluss

Um zwölf Uhr packten die Kinder ihre Sachen zusammen
und gingen wieder zurück. Das war ein schöner Tag.

9 Einleitungen kennen lernen

1. In Einleitungen liest du was, wann, wo passiert.
Lies die Absätze durch. Kreuze alle drei Einleitungen an.

- [x] Rocafort ist ein ganz kleines Dorf in Spanien. Dort gibt es nur drei Bauernhöfe. Den ganzen Tag bewacht ein großer Hund den mittleren Hof.

- [ ] Wenig später gibt Paul seiner Großmutter einen Kräutertee zum Trinken. Mit jedem Schluck sieht sie wieder gesünder aus.

- [ ] Und wenn sie nicht gestorben sind, dann leben sie noch heute.

- [ ] Plötzlich hörte man einen lauten Knall. Er drehte sich um und erschrak.

- [x] Es waren einmal ein Mädchen und ein Junge, die in einer Hütte im Wald lebten. Ihre Eltern waren sehr arm, sodass die Familie nicht genug zum Essen hatte.

- [x] Nano war ein kleiner Eisbär. Er wurde am Nordpol geboren, in einer Welt voller Eis und Schnee. Mit seiner Mutter lebte er in einer tiefen, warmen Höhle.

9 Einen passenden Schluss auswählen

1 Lies dir die Geschichte durch.
Kreuze den Schluss an, der dir am besten gefällt.

Lisa hat Geburtstag

Nach dem Aufwachen rannte Lisa voller Erwartung
ins Wohnzimmer. Dort blieb sie wie erstarrt stehen.
„Wo sind denn meine Geschenke?“, rief sie empört.
Papa saß einfach am Frühstückstisch und aß sein Müsli.
Lisa setzt sich enttäuscht dazu.
Sie hatten ihren Geburtstag wirklich vergessen.
Doch auf einmal stürmten Mama, Oma und Tom herein.
Alle drei sangen ein Geburtstagslied.
Oma hielt eine Torte mit acht Kerzen in der Hand.

- ◯ Lisa pustet die Kerzen aus und dachte: „Na wartet, diesen Schreck werde ich euch heimzahlen!“
- ◯ Das war die beste Überraschung, die Lisa je erlebt hatte.
- ◯ Erleichtert rief Lisa: „Toll, ich dachte schon, ihr hättet mich vergessen!“

2 Schreibe den Schluss auf, der dir am besten gefällt, oder erfinde einen anderen Schluss.

offene Lösung

9 Satzanfänge verändern

1 In dieser Geschichte beginnen einige Sätze mit dem gleichen Wort.
Schreibe die Geschichte.
Verändere die blauen Satzanfänge.

Allein zu Hause

~~Danach~~ ~~Nun~~ ~~Plötzlich~~ ~~Schließlich~~

Gestern war ich allein zu Hause.
Meine Eltern waren im Kino.
Im Bett habe ich noch gelesen.
Dann schlief ich ein.
Dann weckte mich ein Geräusch.
Dann hörte ich Schritte und Stimmen.
Dann ging das Licht an.
Papa und Mama waren wieder zu Hause.

Gestern war ich allein zu Hause.
Meine Eltern waren im Kino.
Im Bett habe ich noch gelesen.
Danach schlief ich ein.
Plötzlich weckte mich ein Geräusch.
Nun hörte ich Schritte und Stimmen.
Schließlich ging das Licht an.
Papa und Mama waren wieder zu Hause.

1 Lies den Text und sieh dir das Bild an.
Setze passende Adjektive in die Sätze ein.

Durch Adjektive kann man sich die Dinge besser vorstellen.

Auf dem Jahrmarkt

~~laute~~ ~~süße~~ ~~grünes~~ ~~superschnellen~~

~~herrliche~~ ~~hohe~~ ~~gruselige~~

Tim geht mit seinen Eltern auf den Jahrmarkt.

Schon von Weitem hören sie die laute Musik.

Zuerst sehen sie in der Geisterbahn viele gruselige Gestalten.

Anschließend kauft sich Tim süße Zuckerwatte.

Als Nächstes haben sie sich das hohe Karussel vorgenommen.

Dann fahren sie mit der superschnellen Achterbahn.

Nun zieht Tim ein Los und gewinnt ein grünes Kuscheltier.

Zum Abschluss genießen sie die herrliche Aussicht vom Riesenrad.

9 Fehlerwörter verbessern

1 Verbessere die Fehlerwörter.
Schreibe die Verbesserung in die Zeile darüber.

Katze Gärten

Die ~~katze~~ Mini streift mal wieder durch die ~~Gerten~~.

Mäusen

Sie ist auf der Suche nach ~~Meusen~~.

Heute

~~heute~~ fängt sie aber nur eine Fliege.

Satzanfänge → groß
Nomen → groß
ä → verwandtes Wort mit a

2 Finde die sieben Fehler und verbessere sie.

Lisa

Tim und ~~lisa~~ gehen mit Imo spazieren.

Apfelbäumen

Sie kommen an einer Wiese mit ~~Apfelbeumen~~ vorbei.

Tim Rastplatz

~~tim~~ sammelt zwei Äpfel auf. In der Nähe ist ein kleiner ~~rastplatz~~.

Dort Freunde

~~dort~~ machen die beiden ~~freunde~~ eine kurze Pause

Äpfel

und verspeisen ihre ~~Epfel~~.

9 Einen Text überarbeiten

3

1 Lies den Text. Überlege, was du besser machen könntest.
Schreibe den verbesserten Text auf.

Um 3 Uhr kam tim in der Bücherei an.
Er suchte Bücher über Beume und ihre Bletter.
dann las er vir Zeitschriften.
Dann ging das licht aus.
Dann war es zehn Minuten lang dunkel.
Dann ging das Licht zum Glück wieder an.

offene Lösung

Lösungen zu Heft 4

Einsterns Schwester 2

Arbeitsheft 4
Lesen

Herausgegeben von
Roland Bauer
Jutta Maurach

Erarbeitet von
Susanne Semelka

Cornelsen

Inhaltsverzeichnis

Lernportion 1
Wörter und Sätze lesen

- ★ Sätze mit Bildern verbinden ... 5
- ★ Zu Bildern passende Sätze auswählen ... 6
- ★ Kleine Bilder zu Sätzen ergänzen ... 7
- ★ Ein großes Bild nach Satzaussagen ergänzen ... 8
- ☆ Ein großes Bild nach Satzaussagen zeichnen ... 9
- ★ Wortpyramiden lesen ... 10
- ☆ Satzpyramiden lesen ... 11

Lernportion 2
Texte und Zeichen verstehen

- ★ Ein Fernsehprogramm lesen ... 12
- ★ Eine Wetterkarte lesen ... 13
- ☆ Ein Schaubild lesen ... 14
- ★ Einen Stundenplan lesen ... 15
- ★ Begriffe zu Zeichen ordnen ... 16
- ☆ Begriffe zu Zeichen schreiben ... 17

Lernportion 3
Genau lesen

- ★ Sätze Bildern zuordnen ... 18
- ★ Texte Bildern zuordnen ... 19
- ★ Den passenden Text zu einem Bild auswählen ... 20
- ★ Stolperwörter in Sätzen finden ... 21
- ★ Stolperwörter in Absätzen finden ... 22
- ☆ Stolperwörter in einem Text finden ... 23
- ☆ Zwei Texte vergleichen ... 24
- ★ Zwei Texte entwirren ... 25
- ★ Überschriften Absätzen zuordnen ... 26
- ★ Die Überschrift für eine Geschichte auswählen ... 27

Lernportion 4
Textinhalte erfassen

- ★ Richtige Aussagen zu einem Sachtext erkennen ... 28
- ★ Richtige Aussagen zu einer Geschichte erkennen ... 29
- ★ Ein Fantasiewort erraten ... 30
- ☆ Ein Leserätsel lösen ... 31
- ★ Einfache Fragen zu einem Text beantworten ... 32
- ★ Schwierige Fragen zu einem Text beantworten ... 33
- ★ Wörter in einen Lückentext einsetzen ... 34
- ☆ Wörter für einen Lückentext finden ... 35

Lernportion 5
Verschiedene Textarten kennen lernen

★ Witze vorlesen 36
★ Zungenbrecher sprechen 37
★ Ein Märchen kennen 38
☆ Unterschiedliche Texte benennen 40
☆ Textausschnitte Buchtiteln zuordnen 41

Lernportion 6
Mit Gedichten umgehen

★ Zu einem Gedicht malen 42
★ Ein Gedicht vorlesen 43
★ Reimwörter in einem Gedicht finden 44
☆ Reimwörter in ein Gedicht einsetzen 45
★ Ein Rätselgedicht lösen 46
☆ Ein Gedicht auswendig lernen 47

Lernportion 7
Informationen finden

★ Die passende von zwei Antworten ankreuzen 48
★ Die passende von vier Antworten ankreuzen 49
★ Das Ende von Sätzen zum Text auswählen 50
☆ Das Ende von Sätzen zum Text aufschreiben 51
★ Vorgegebene Wörter in einem Text finden 52
★ Signalwörter in Sätzen finden 53
★ Signalwörter in Absätzen finden 54
☆ Signalwörter in einem Text finden 55

Lernportion 8
Bücher und Autoren kennen lernen

★ Ein Buch wird vorgestellt 56
☆ Lieblingsbücher vorstellen 57
★ Den Autor Stefan Gemmel kennen lernen 58
★ Ein Buch von Stefan Gemmel kennen lernen 59
★ Beliebte Bücher 60
★ Spannende Bücher 61
★ Die Bücherei stellt sich vor 62
★ In der Bücherei 63

Lernportion 9
Gedanken zu Texten entwickeln

★ Mit verteilten Rollen lesen 64
★ Das Ende einer Geschichte erfinden 65
★ Eine Lieblingsfigur auswählen 66
★ Einer Buchfigur passende Gefühle zuordnen 67
☆ Die Gefühle einer Buchfigur beschreiben 68
★ Einen Redesatz für eine Buchfigur erfinden 69
★ Handlungsmöglichkeiten auswählen 70
☆ Handlungsmöglichkeiten entwerfen 71

So kannst du mit den Heften arbeiten

Du machst alle Seiten der Lernportion 1.

Zuerst im grünen Heft.	Dann im roten Heft.	Dann im gelben Heft.	Und dann im blauen Heft.

Danach machst du in allen Heften die Lernportion 2.

Nun machst du in allen Heften die Lernportion 3.

Genauso bearbeitest du alle anderen Lernportionen.

1 Sätze mit Bildern verbinden

4

❶ Verbinde jeden Satz mit dem passenden Bild.

Lieblingsleseplätze

Fabian liest gerne auf dem Sofa.
Jörg liest gerne unter der Bettdecke.
Lola liest gerne im Liegestuhl.
Lena liest gerne am Küchentisch.
Tom liest gerne auf dem Klo.

Wo liest du gerne?
Ich lese gerne in der Hängematte.

1 Zu Bildern passende Sätze auswählen

❶ Verbinde das Bild mit dem passenden Satz.

Die Katze frisst Fleisch.

Die Katze frisst Fisch.

Die Spinne spinnt ein Netz.

Die Spinne sitzt im Nest.

Der Vogel hüpft von Mast zu Mast.

Der Vogel hüpft von Ast zu Ast.

Der Hase sitzt auf der Wiese.

Der Hase flitzt über die Wiese.

Der Käfer knabbert an einem Blatt.

Der Käfer krabbelt auf einem Blatt.

Der Elefant hebt seinen Rüssel.

Der Elefant trinkt aus der Schüssel.

Kleine Bilder zu Sätzen ergänzen

1 Lies die Sätze. Male die Bilder fertig.

Steffi spielt mit ihrem Ball.
Der Ball ist rot und schwarz.
Er fliegt durch die Luft.

Tim sitzt am Tisch.
Vor ihm steht ein Teller
mit Spinat und einem Spiegelei.

farblich richtige Lösungen

Lilli und Silvia sind Zwillinge.
Beide tragen eine grüne Brille
und eine lange rote Kette.

Der Mann hat in der Hand
eine gelbe Blume.
Er trägt einen schwarzen Hut.

1 Ein großes Bild nach Satzaussagen ergänzen

1 Lies jeden Satz und ergänze das Bild passend.

Der Zauberer hat einen schwarzen Zylinder in der Hand.

Ein großer roter Kasten steht auf seinem Zaubertisch.

Aus dem Zylinder schaut ein brauner Hase heraus.

Die Seiltänzerin trägt ein gelbes Kleid mit schwarzem Gürtel.

Ihre Lippen sind rot und sie trägt eine schwarze Kette.

Der Clown steht neben einem grünen Stuhl.

Darauf liegt sein gelber Hut mit einer schönen roten Blume.

Ein großes Bild nach Satzaussagen zeichnen

1 Lies jeden Satz und ergänze das Bild passend.

In der Mitte des Bildes steht Opas kleines Gartenhaus.

Opa schaut aus dem Fenster.

In der Hand hält er sein großes Taschentuch.

Rechts neben dem Haus steht ein schöner Baum.

In seinen Ästen sitzt ein kleiner Vogel.

Die Blumen in Opas Garten blühen in vielen bunten Farben.

Eine große gelbe Sonnenblume ist auch dabei.

Die Sonne scheint.

Am Himmel sind Wolken zu sehen.

Drei Schmetterlinge tanzen in der Luft.

1 Wortpyramiden lesen

❶ Unterstreiche in den Wortpyramiden die gleichen Wörter immer mit derselben Farbe.

Garten
Gartenzaun
Gartenzauntür
Gartenzauntürschloss

Wal
Walnuss
Walnussbaum
Walnussbaumstamm

Wein
Weinberg
Weinbergschnecken
Weinbergschneckenhaus

Hecken
Heckenrosen
Heckenrosenblüten
Heckenrosenblütenblatt

Buch
Buchfink
Buchfinkschnabel
Buchfinkschnabelspitze

Satzpyramiden lesen

❶ Unterstreiche in jeder Zeile, was neu dazukommt.

Nina und Karl

Nina und Karl rennen.

Nina und Karl rennen im Garten.

Nina und Karl rennen im Garten um die Wette.

Nina

Nina läuft.

Nina läuft immer schneller.

Nina läuft immer schneller und überholt Karl.

Karl

Karl stolpert.

Karl stolpert über einen Stein.

Karl stolpert über einen Stein und fällt hin.

Papa

Papa kommt.

Papa kommt und tröstet ihn.

Papa kommt und tröstet ihn mit einem Kuss.

Mama

Mama klebt.

Mama klebt ein Pflaster.

Mama klebt ein Pflaster auf Karls Knie.

2. Ein Fernsehprogramm lesen

1 Lies das Fernsehprogramm.
Kreuze richtig an.

Kinderkanal

11.00 Drei Nüsse für Aschenbrödel	16.35 Tabaluga
12.30 Stark!	17.00 TV-Helden
12.45 Pinocchio	18.30 Heidi
14.00 Löwenzahn	18.55 Sandmännchen
14.25 National Geo.	19.05 Wickie
14.50 Hexe Lilli	19.50 Logo!
15.55 Logo!	20.00 Meine peinlichen Eltern
16.05 Aktion Schulstreich	20.25 Kummerkasten

Ich schaue höchstens eine Sendung am Tag.

	stimmt	stimmt nicht
Heidi kommt vor dem Sandmännchen.	☒	○
Das Kinderprogramm beginnt um 11.15 Uhr.	○	☒
Logo! kommt nur einmal.	○	☒
Pinocchio ist die dritte Sendung.	☒	○
Heute kommt der Film „Braunbär Billi".	○	☒
Um 17.00 Uhr fängt Tabaluga an.	○	☒
Nach 18 Uhr beginnen noch sechs Sendungen.	☒	○
Die letzte Sendung ist Kummerkasten.	☒	○

1 Sieh dir die Wetterkarte genau an.
Lies die Sätze. Kreuze richtig an.

Das Wetter in Deutschland am 3. April

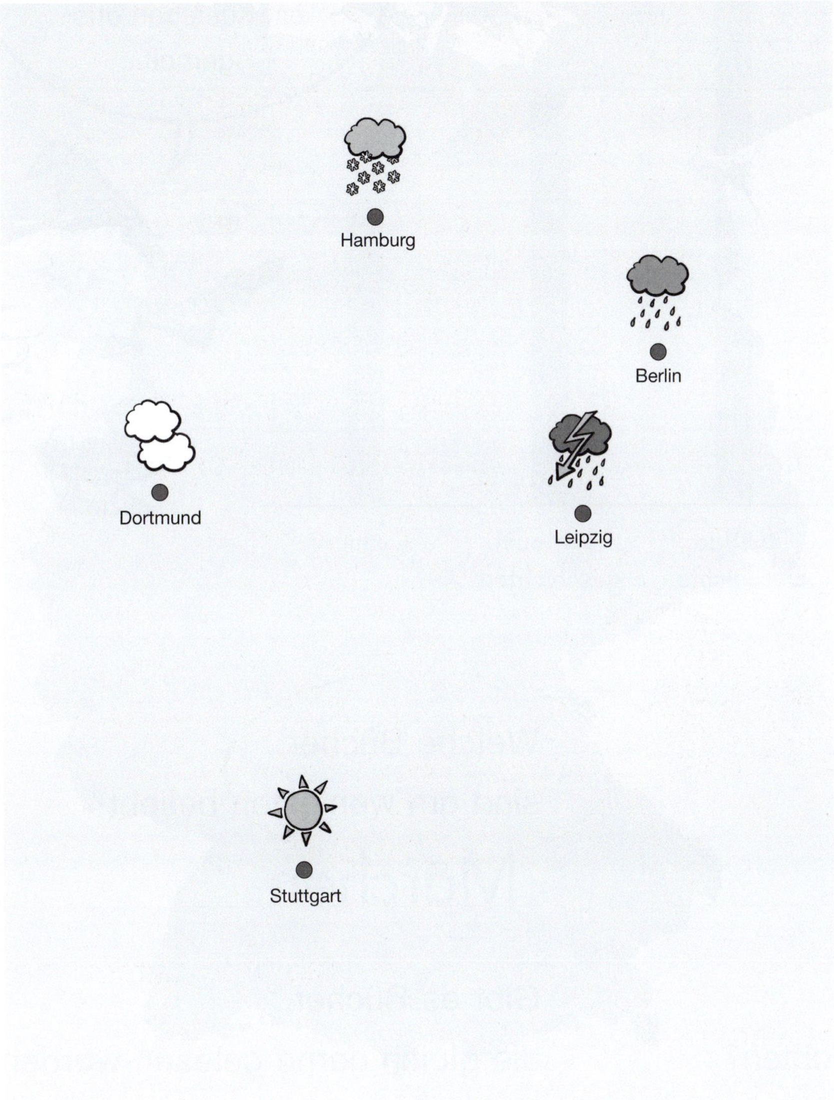

 = Sonne

 = Regen

 = Wolken

 = Schnee

 = Gewitter

	stimmt	stimmt nicht
In Berlin regnet es.	X	
In Hamburg schneit es.	X	
In Dortmund scheint die Sonne.		X
In Leipzig gibt es ein Gewitter.	X	
In Stuttgart sind Wolken am Himmel.		X

2 Ein Schaubild lesen

1 Suche im Schaubild die Antworten zu den Fragen.

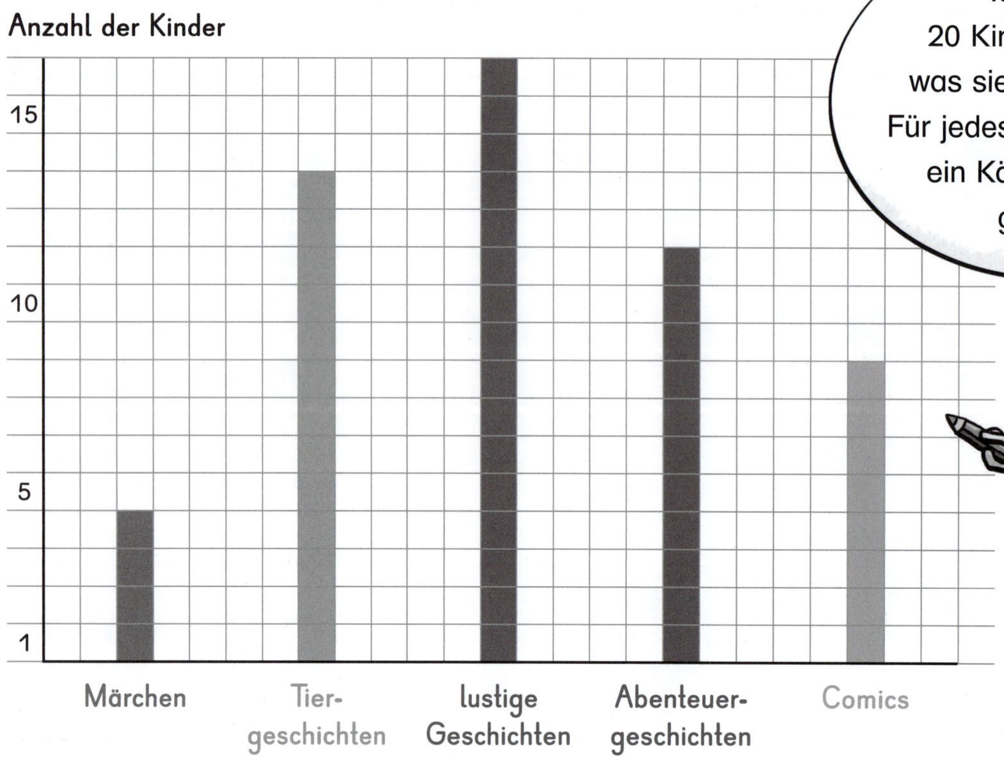

Ich habe 20 Kinder gefragt, was sie gerne lesen. Für jedes Kind habe ich ein Kästchen ausgemalt.

Wie viele Kinder lesen gerne Märchen?

Vier.

Wie viele Kinder mögen Abenteuergeschichten?

Elf.

Welche Bücher mögen die meisten Kinder?

Lustige Geschichten.

Welche Bücher sind am wenigsten beliebt?

Märchen.

Gibt es Bücher, die gleich gerne gelesen werden?

Nein.

Welche Bücher liest du am liebsten?

offene Lösung

2. Einen Stundenplan lesen ★ 4

1 Lies den Stundenplan von Maria.
Schreibe kurze Antworten zu den Fragen.

	Montag	Dienstag	Mittwoch	Donnerstag	Freitag
1. Stunde	Musik	Mathe	Deutsch	Religion	Religion
2. Stunde	Deutsch	Kunst	Mathe	Deutsch	Mathe
3. Stunde	Mathe	Sport	Sport	Musik	Deutsch
4. Stunde	Sachkunde	Deutsch	Kunst	Mathe	Sachkunde
5. Stunde	Sachkunde				

An welchen Tagen hat Maria Musik?

Am Montag und am Donnerstag.

Wie viele Stunden Sport hat Maria in der Woche?

Zwei.

An wie vielen Tagen hat Maria vier Stunden?

An vier Tagen.

Hat Maria jeden Tag Mathe?

_Ja._

Was habe ich mittwochs nach Mathe?

Begriffe zu Zeichen ordnen

1 Ordne jedem Zeichen den passenden Begriff zu.

Flughafen	Baustelle	Behinderte	Restaurant	Aufzug	Telefon
Fluchtweg	Mülleimer	Spielplatz	Fußgänger	Stau	Toilette

Flughafen

Stau

Fußgänger

Mülleimer

Baustelle

Toilette

Spielplatz

Restaurant

Telefon

Aufzug

Behinderte

Fluchtweg

2 Begriffe zu Zeichen schreiben

4

1 Was bedeuten diese Zeichen?
Schreibe unter die Bilder die passenden Wörter.

keine Inliner

Gewitter

Regen

Zebrastreifen

keine Hunde

Schnee

Parkplatz

Fahrradweg

kein Eis

2 Erfinde selbst ein Zeichen.
Schreibe daneben, was es bedeutet.

offene Lösung

Sätze Bildern zuordnen

1 Schreibe zu jedem Bild den passenden Satz.

Heulen die Wölfe nachts im Chor,
schießt du sicher bald ein Tor.

Kommt ein Pinguin zu Besuch,
schreibt er in dein Gästebuch.

Kräht der Hahn um drei vor sieben,
wirst du dich schon bald verlieben.

Gerda Anger-Schmidt

Heulen die Wölfe nachts im Chor,

schießt du sicher bald ein Tor.

Kommt ein Pinguin zu Besuch,

schreibt er in dein Gästebuch.

Kräht der Hahn um drei vor sieben,

wirst du dich schon bald verlieben.

1 Ordne Texte und Bilder passend zu.
Trage vor den Texten die passenden Zahlen ein.

1 Jetzt sind Nisse und Mama am Meer.
„Gerade richtig, diese Wellen“, sagt Nisse.
„Ich finde, heute sollten wir
ein bisschen schwimmen üben“, sagt Mama.
Am Strand sind furchtbar viele Menschen,
findet Nisse.

2 Plötzlich kommen große Regentropfen!
So ein Pech!
„Ich gehe jedenfalls baden“, sagt Mama.
Nisse friert, aber er will wissen,
wie sich das Wasser anfühlt.

Olof und Lena Landström

3 Den passenden Text zu einem Bild auswählen

❶ Welcher Text passt zu dem Bild?
Trage die richtige Zahl in das Kästchen ein.

[3]

[1] Hannes klingelt Sturm.
Er muss Mama dringend etwas erzählen.
Etwas ganz Tolles. Etwas Einmaliges!
Ein Zirkus kommt!

[2] Hannes hat drei Plakate gesehen.
Ein richtiger Zirkus war noch nie hier!
Mama öffnet die Tür. „Pssst! Anna-Sofie schläft!
Was machst du denn für einen Lärm?“

[3] Mamas Stimme klingt so ärgerlich,
dass Hannes schnell eine Ausrede erfindet.
„Ich muss mal“, sagt er und verschwindet im Bad.
Dort schließt er ab und setzt sich auf den Klodeckel.

Anne Steinwart

3 Stolperwörter in Sätzen finden

4

1 In jedem Satz findest du ein Wort, das nicht passt.
Streiche dieses Stolperwort durch.

Autos haben ~~Himmel~~ vier Räder.

Wir ~~Elefant~~ fahren in einem Bus zur Schule.

Ein Flugzeug kann auch über den Wolken ~~Huhn~~ fliegen.

Ein ICE hat an beiden Enden eine Lokomotive ~~Schnecke~~.

Wenn es dunkel ist ~~Hase~~, müssen am Fahrrad das Vorderlicht und das Rücklicht an sein.

Motorradfahrer müssen ~~Kuh~~ einen Helm tragen.

Der Chef auf einem Schiff ~~Baum~~ heißt Kapitän.

Ein ~~Uhr~~ Hubschrauber kann in der Luft stehen.

3 Stolperwörter in Absätzen finden

1 In jedem Absatz findest du ein Wort, das nicht passt.
Streiche dieses Stolperwort durch.

In Sport haben wir tolle Kletterstationen aufgebaut.
Wir durften wie Tarzan von Kasten zu Kasten schwingen
oder die langen Seile hochklettern.
Dann haben wir uns an die Ringe ~~Nadeln~~ gehängt
und Zirkus gespielt. Das war toll!

Heute hat uns unser Lehrer
eine lustige Geschichte vorgelesen.
Danach durften wir ein Bild dazu malen.
Jetzt ~~Ofen~~ hängen alle Bilder in unserem Klassenraum.
Wir müssen oft lachen, wenn wir sie sehen.

In Musik haben wir ein neues Lied gelernt.
Wir haben passende Bewegungen dazu gemacht.
So konnten wir uns den Text besser merken.
Außerdem hat es ~~Düsenflieger~~ so
auch viel mehr Spaß gemacht.

In Deutsch haben wir ein Schleichdiktat geschrieben.
Dabei läuft man leise zum Diktattext ~~Auto~~.
An seinem Platz schreibt man
den Satz auswendig auf.

3 Stolperwörter in einem Text finden

4

1 Im Text sind zehn Stolperwörter versteckt.
Finde sie und streiche sie durch.

Die Schatztruhe

Am 12. September ist ~~Apfel~~ es endlich so weit! Seit drei Wochen zählt Ute jeden Tag. Heute wird sie acht Jahre alt. Sie hat ~~Gans~~ ihr schönstes Kleid angezogen.

Am Nachmittag wollen alle ihre Freunde ~~Affen~~ kommen. Insgesamt acht Kinder durfte sie einladen. Für jedes ~~Klebestift~~ Jahr ein Kind. Simon, Dennis und Eva kommen ~~Rakete~~ zu Fuß. Dani, Frieder und Evi werden von ihrer ~~Schule~~ Mama gebracht. Sandra und Lissi kommen mit dem Rad.

Als alle da sind, darf Ute ihre Geschenke auspacken. Dann essen sie ~~Bücher~~ Kuchen und trinken Kakao. Als Überraschung veranstalten sie ~~Fee~~ eine Schatzsuche.

In Gruppen machen sie sich auf den Weg. Jeder will den Schatz als Erstes finden. Utes Papa hat ihn gut ~~Blume~~ versteckt. In einem ausgehöhlten Baumstamm findet Frieder eine kleine goldene Kiste. Voller ~~Igel~~ Spannung öffnet er sie.

3 Zwei Texte vergleichen

1 Lies die beiden Texte und vergleiche sie.
Im zweiten Text sind sechs Wörter anders. Unterstreiche sie.

Der berühmte Detektiv Knopfnase sitzt in seinem Lehnstuhl und trinkt Kaffee.

Er denkt nach. Sein neuer Fall bereitet ihm Kopfzerbrechen. „Schnuffel, kannst du das verstehen?“, fragt Knopfnase seinen kleinen Hund.

„Der Mann hat um 15.00 Uhr sein Haus verlassen. Er trug eine rote Jacke und eine graue Hose. Dann nahm er den Bus und fuhr bis zum Marktplatz.

„Ahhh, ja!! Jetzt fällt mir was ein! Schnell, Schnuffel, wir müssen einen Fall lösen!“

Der berühmte Detektiv Knopfnase sitzt in seinem Lehnstuhl und trinkt Tee.

Er denkt nach. Sein neuer Fall bereitet ihm Kopfschmerzen. „Schnuffel, kannst du das verstehen?“, fragt Knopfnase seinen treuen Hund.

„Der Mann hat um 15.00 Uhr sein Büro verlassen. Er trug eine rote Jacke und eine braune Hose. Dann nahm er den Bus und fuhr bis zum Münzplatz.

„Ahhh, ja!! Jetzt fällt mir was ein! Schnell, Schnuffel, wir müssen einen Fall lösen!“

3 Zwei Texte entwirren

4

1 Nimm ein Lineal.
Unterstreiche die Sätze, die zum Sommer gehören, gelb.
Unterstreiche die Sätze, die zum Winter gehören, blau.

Alle freuen sich, wenn der Sommer endlich wieder da ist.
Der Winter ist am schönsten, wenn es so richtig geschneit hat.
Die Sonne scheint und wir können kurze Hosen und Röcke anziehen.
Wenn es kalt genug ist, kann der Schnee auch liegen bleiben.
Dann können wir einen Schneemann bauen und Schlitten fahren.
Eine Schneeballschlacht mit Freunden macht auch riesigen Spaß.
Wenn es heiß genug ist, gehen wir ins Freibad schwimmen.
Am Wochenende gehen unsere Eltern mit uns draußen zelten.
Manche fahren gerne auf dem zugefrorenen See Schlittschuh.
Aber dazu muss es lange kalt sein, damit das Eis nicht bricht.

3 Überschriften Absätzen zuordnen

1 Hier siehst du drei Überschriften.
Finde für jeden Absatz die passende Überschrift.
Trage sie ein.

Tierkinder | Futter | Pflege

Futter

Alles, was für den Hund wichtig ist, ist im Fertigfutter enthalten.
Außerdem braucht der Hund immer genug frisches Wasser.
Nach dem Fressen braucht der Hund seine Ruhe.

Pflege

Wichtig ist, dass du deinen Hund regelmäßig bürstest.
Kontrolliere auch immer wieder seine Ohren.
Die Krallen nutzen sich von alleine ab.
Wenn dein Hund sehr schmutzig ist oder stinkt,
solltest du ihn baden.

Tierkinder

Die jungen Hunde heißen Welpen.
Die ersten vier Wochen werden sie von ihrer Mutter gesäugt.
Sie brauchen viel Wärme. An einen neuen Besitzer
sollten sie frühestens nach zwei Monaten gegeben werden.

3 Die Überschrift für eine Geschichte auswählen

4

1. Lies die Geschichte. Finde die Überschrift, die am besten passt. Trage sie ein.

Die große Hitze	Treffpunkt Taschengeld	Meine liebe Oma

Treffpunkt Taschengeld

Julius, Anne und Dominik sind dicke Freunde. Sie sitzen in ihrem Baumhaus.

„Kaufen wir uns nachher noch ein Eis?“, fragt Dominik in die Runde. Er liebt das Zitroneneis aus der kleinen Eisdiele. Aber Anne wehrt ab: „Ich habe kein Geld mehr.“ „Bei mir sieht es auch ziemlich düster aus“, gesteht Julius.

Dominik gibt zu: „Ich habe etwas von meiner Oma bekommen, sonst wäre ich auch schon abgebrannt.“ Alle sind sich einig: Die Zeit bis zum Taschengeldtag zieht sich immer wie Kaugummi. „Wie soll das nur weitergehen, wenn man sich nicht mal bei dieser Hitze ein Eis kaufen kann?“, jammert Julius. Anne pflichtet ihm bei: „Das bisschen Taschengeld reicht wirklich hinten und vorne nicht.“

„Und meine Oma kommt auch nicht alle Tage“, klagt Dominik. Anne hat eine Idee: „Alles Jammern und Klagen hilft uns nicht weiter. Statt herumzusitzen, sollten wir lieber etwas Geld verdienen.“

Gerit Kopietz

Heft 4, Seite 27
Das möchte ich von meinem Taschengeld kaufen ...

1 Lies den Text. Kreuze richtig an.

Obst

Essbare Früchte und Samen nennt man Obst. Es gibt unterschiedliche Obstsorten:

Steinobst ist außen saftig und hat innen einen Kern. Zum Steinobst gehören Pflaumen und Kirschen.

Kernobst hat fünf Kammern mit kleinen Kernen. Äpfel und Birnen sind Kernobst.

Schalenobst hat eine harte Schale, die nicht essbar ist. Zum Schalenobst gehören Haselnüsse, Walnüsse und Mandeln.

Beerenobst ist weich, klein und rundlich, wie zum Beispiel die Himbeeren oder die Weintrauben.

	stimmt	stimmt nicht
Obst ist das Wort für essbare Früchte und Samen.	X	
Kirschen sind Steinobst.	X	
Kernobst hat eine Kammer mit kleinen Kernen.		X
Die Schale von Schalenobst ist weich.		X
Walnüsse haben eine essbare Schale.		X
Weintrauben sind Beerenobst.	X	

4 Richtige Aussagen zu einer Geschichte erkennen

1 Lies die Geschichte. Kreuze richtig an.

Der Geist vom Gutshof

„Was – Angst?“, lacht Silvia. „Ich doch nicht!“ Jungs und mutiger? Von wegen. „Mädchen haben nämlich immer Schiss“, sagt Lukas und grinst gemein.

„Wenn du keine Angst hast“, sagt Ronny, „gehst du in den verlassenen Gutshof. Und zwar nachts.“ „Da spukt's“, sagt Lukas mit düsterer Stimme. Silvia guckt sich das alte Haus auf dem Hügel an. Die vielen Fenster blinken freundlich in der Sonne. „Ihr lügt!“

Lukas rollt mit den Augen. „Es muss der Baron sein. Der hat da gehaust. Dann ist er gestorben. Die Türen sind zugesperrt. Aber wir wissen, wo ein kaputtes Fenster ist.“ „Seid ihr schon reingestiegen?“, fragt Silvia. „Na, klar“, sagt Lukas. „Nachts?“ „Logisch nachts“, sagt Ronny. „Am Tag …“ „… ist es höchstens was für Mädchen“, ergänzt Lukas. Jetzt reicht es Silvia. Sie faucht: „Ihr seid ja so blöd!“

Irma Krauß

	stimmt	stimmt nicht
Silvia denkt: Jungen sind mutiger als Mädchen.	○	☒
Das alte Haus steht im Tal.	○	☒
Im Gutshof wohnte früher der Baron.	☒	○
In dem Gutshof sind die Türen offen.	○	☒
Ronny und Lukas kennen das kaputte Fenster.	☒	○
Silvia findet die Jungen blöd.	☒	○

4 Ein Fantasiewort erraten

1 Finde heraus, welches Wort gesucht wird.
Trage deine Lösung unten ein.

Viele Kinder mögen den Simsung. Manche haben sogar ihren eigenen Simsung im Kinderzimmer. Oft besitzen Familien sogar mehrere Simsungs. Man kann alleine mit einem Simsung spielen oder auch mit seinen Freunden.

Sogar in vielen Schulen gibt es Simsungs. Wer zu Hause keinen Simsung hat, kann in der Schule herausfinden, wie man mit einem Simsung umgeht. Auch viele Erwachsene benutzen Simsungs. Oft arbeiten sie sogar damit. Der Simsung wird von vielen Kindern nicht nur zum Spielen, sondern auch zum Lernen benutzt. Jeder Simsung hat eine Tastatur und eine Maus.

Es gibt sogar Simsungs, die kann man überallhin mitnehmen. Andere sind zu groß und schwer, die stehen dann fest auf einem Tisch.

Ein Simsung ist ein

Computer.

Mit meinem Simsung schreibe ich kleine Geschichten.

4 Ein Leserätsel lösen

1 Lies die Sätze.
Fülle die Tabelle aus.

Tina spielt seit einem Jahr Basketball.

Jan spielt nicht Tischtennis.

Andi hat sein Hobby seit zwei Jahren.

Das Kind in der Mitte spielt seit drei Jahren Fußball.

Jedes Kind hat ein anderes Hobby.

Hobby			
Name	Andi	Jan	Tina
Wie viele Jahre?	2	3	1

Welches Hobby hat Andi?

Tennis

4 Einfache Fragen zu einem Text beantworten

1 Lies den Text. Schreibe zu jeder Frage eine kurze Antwort auf.

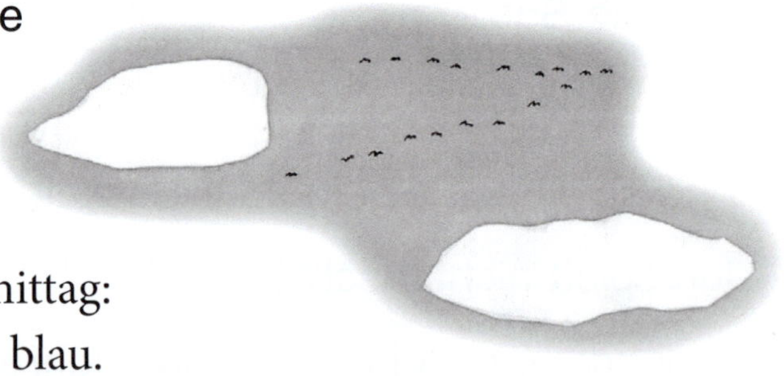

Furchtbar-dolle-stinke-langweilig

Es war einmal ein wunderschöner Vormittag:
Die Sonne schien und der Himmel war blau.
Gelegentlich zog ein weißes Wattewölkchen vorüber.
Die Vögel sangen Lieder,
die Luft roch – hmmm – nach Wiesenkräutern.
Hase Nulli und sein bester Freund, Frosch Priesemut,
lagen faul in der Sonne.
Na ja, so ganz stimmte das nicht,
denn Nulli las ein Buch. Und Priesemut?
Dem war langweilig, genauer gesagt:
furchtbar-dolle-stinke-langweilig.
Und das ist ja wohl
die langweiligste Langeweile,
die man haben kann, oder?

Aber dann machten sich Nulli und Priesemut auf den Weg, die goldenen Möhren zu finden. Als sie dabei eine alte Truhe öffneten, wurde dies der Beginn eines aufregenden Abenteuers.

Matthias Sodtke

Wie war der Himmel? Blau.

Wer war Hase Nullis bester Freund? Frosch Priesemut.

Nach was roch die Luft? Nach Wiesenkräutern.

Was tat Nulli? Nulli las ein Buch.

Was wollen die Freunde finden? Goldene Möhren.

4 Schwierige Fragen zu einem Text beantworten

1 Lies den Text.
Schreibe zu jeder Frage eine kurze Antwort auf.

Chaoten-Katja

Katja soll ihr Zimmer aufräumen. Ihr erster Blick fällt auf Carlo, ihren ältesten und größten Teddybären. In letzter Zeit hat sie ihn ein bisschen vernachlässigt. Er sieht traurig aus, findet sie. Und schmutzig ist er auch.

Katja läuft ins Badezimmer. Im Waschbecken bereitet sie ein Bärenbad. Sie setzt Carlo hinein und schrubbt ihn gründlich! Dass Wasser und Schaum überschwappen, ist Carlos Schuld. Er ist einfach zu groß für das Becken.

Danach muss Carlo trocken gerubbelt werden. Doch das ist nicht so einfach. Als Katja alle Handtücher verbraucht hat, ist er immer noch patschnass. Egal, wozu gibt es einen Föhn? Föhn, Kamm und Bürste. Nichts sieht unordentlicher aus als ein strubbeliger Bär!

Katharina Kühl

Warum will Katja Carlo waschen? Carlo ist schmutzig.

Hat das Becken die richtige Größe für Carlo? Nein.

Katja trocknet Carlos Fell mit Handtüchern und Mit einem Föhn.

Ist Katjas Zimmer nun aufgeräumt? Nein.

4 Wörter in einen Lückentext einsetzen

1 Setze in die Lücken die passenden Wörter ein.

Auf dem Bolzplatz

| Fußballtoren | Wochen | Schule |

Seit vier Wochen gibt es in Benzhart einen prima Bolzplatz für Kinder. Mit richtigen Fußballtoren. Er wurde gleich neben der Schule gebaut.

| besten | Martin | hier |

Jeden Nachmittag treffen sich hier die kleinen Fußballer des Viertels. Mit dabei sind meistens Flori, Martin, Önal und Hakan, die vier besten Fußballer der ganzen Schule.

| ungerecht | immer | spielen | Angst |

„Hakan und ich spielen zusammen“, sagt Önal.

„Ihr wollt immer zusammenspielen“, meckert Flori.

„Das ist ungerecht.“

„Ihr habt ja nur Angst, dass ihr verliert“, sagt Önal.

Manfred Mai

4 Wörter für einen Lückentext finden

1 Lies den Text.
Setze die passenden Wörter ein.

Im Zoo

Lisa und Anne machen einen Ausflug in den Zoo. Als Erstes wollen die beiden Mädchen gleich zu den Elefanten. Die sehen mit ihrem langen Rüssel so lustig aus. Gerade nehmen sie ein Bad und spritzen wild um sich.

Da hören Lisa und Anne, wie ein Löwe brüllt. Mit seiner großen Mähne wirkt er sehr majestätisch.

Nun gehen sie zu den Affen, die gerade Bananen fressen. Sie schwingen sich von Ast zu Ast. „Sind die niedlich!“, ruft Anne.

Jetzt kommt ein Kamel an ihnen vorbei, das von einem Mann an einem Seil geführt wird. Am liebsten würde Lisa zwischen seinen Höckern sitzen und eine Runde reiten.

Da ruft plötzlich ein kleines Kind: „Guck mal, Mama! Ein Pferd mit schwarz-weißen Streifen!“ „Das ist doch ein Zebra!“, antwortet die Mutter. Lisa und Anne müssen lachen.

5 Witze vorlesen

1 Lies die Witze. Suche dir einen Witz aus.
Übe ihn mehrmals und lies ihn jemandem vor.

Die Mutter bringt ihre Zwillinge Max und Moritz ins Bett. Der kleine Max lacht und lacht. „Was lachst du denn so?“, fragt die Mutter. Antwortet Max: „Mama, du hast Moritz zweimal gebadet und mich gar nicht!“

Kommt ein Frosch in den Laden. Fragt der Verkäufer: „Was darf es denn sein?“ Sagt der Frosch: „Quark.“

„Christian, du hast dieselben Fehler im Diktat wie dein Tischnachbar. Wie erklärt sich das wohl?“
„Ganz einfach. Wir haben denselben Lehrer!“

Klein Herbert fragt: „Was ist Wind?“ Sagt der Vater: „Das ist Luft, die es eilig hat!“

Bei einem Zoobesuch sagt die besorgte Mutter zu ihrer kleinen Tochter: „Geh sofort von dem Löwen weg!“ Meint die Kleine treuherzig: „Wieso Mama, ich tu ihm doch gar nichts!“

Ich erzähle dir jetzt einen Witz: …

5 Zungenbrecher sprechen

4

1 Lies die Zungenbrecher laut.
Versuche, sie immer schneller ohne Fehler zu lesen.

Lila Flanell-Läppchen.

Zehn Ziegen zogen zehn Zentner Zucker zügig zum Zoo.

Hexen hacken häufig heftig Holz.
Heftig Holz hacken häufig Hexen.

Es klapperten die Klapperschlangen,
bis ihre Klappen schlapper klangen.

Fischers Fritze fischte frische Fische.
Frische Fische fischte Fischers Fritze.

Blaukraut bleibt Blaukraut
und Brautkleid bleibt Brautkleid.

Auf dem Rasen
rasen Hasen,
atmen rasselnd
durch die Nasen.

Klitzekleine Kinder können
keinen Kirschkern knacken.
Keinen Kirschkern können
klitzekleine Kinder knacken.

5 Ein Märchen kennen

1 Lies das Märchen. Male dazu.

Die Sterntaler

Es war einmal ein kleines Mädchen,
das war ganz allein auf der Welt.
Es war so arm,
dass es kein Zimmer mehr hatte
zum Wohnen
und kein Bett mehr
zum Schlafen.
Es hatte nichts mehr,
nur die Kleider,
die es noch anhatte,
und ein kleines Stück Brot.

Weil es niemanden mehr hatte,
ging es allein hinaus aufs Feld.
Dort traf es einen alten, armen Mann,
der sprach: „Ich habe Hunger."
Das Mädchen gab ihm
das Stückchen Brot
und sprach: „Gott segne es dir",
und ging weiter.

Da kam ein Kind, das sagte:
„Es friert mich so an meinem Kopf.
Schenke mir etwas,
womit ich ihn bedecken kann."
Das Mädchen gab ihm seine Mütze.

offene Lösung

offene Lösung

offene Lösung

Als es noch ein Stück gegangen war,
kam noch ein Kind,
das hatte fast nichts an und fror.
So gab es ihm sein Kleidchen
und ging weiter.

Das Mädchen kam an einen Wald.
Schon war es dunkel geworden.
Da kam noch ein Kind
und bat um sein Hemdchen.
„Es ist dunkel“, sprach das Mädchen,
„da sieht dich keiner mehr.“
So gab es auch noch
sein letztes Hemd weg.

Und wie es so da stand
und nun so gar nichts mehr hatte,
fielen auf einmal
die Sterne vom Himmel
und es waren lauter Goldstücke.
Obwohl es sein Hemdchen
weggegeben hatte,
so hatte es nun
ein ganz feines, neues an.
Darin sammelte es alle Goldstücke
und war reich bis an sein Lebensende.

Jacob und Wilhelm Grimm

offene Lösung

offene Lösung

offene Lösung

5 Unterschiedliche Texte benennen

1. Lies die unterschiedlichen Texte.
Schreibe über jeden Text die passende Bezeichnung.

~~Rezept~~ | ~~Lexikoneintrag~~ | ~~Bastelanleitung~~ | ~~Märchen~~ | ~~Gedicht~~

Märchen

In einem Teil des Meeres
lebten vor langer Zeit zwei Fische.
Davon hatte der eine
einen langen, goldenen Bart.
Die beiden Fische waren
gute Freunde. Eines Tages …

Lexikoneintrag

Fische leben im Wasser
und atmen durch Kiemen.
Statt Armen und Beinen
haben die Fische Flossen,
mit deren Hilfe sie schwimmen.

Bastelanleitung

Zeichne mit Hilfe der Schablone
den Fisch auf gelbes Tonpapier.
Schneide Augen aus
und klebe sie auf.

Gedicht

Viele kleine Fische
schwimmen jetzt zu Tische
reichen sich die Flossen
dann wird schnell beschlossen
nicht mehr lang zu blubbern
stattdessen was zu futtern.

Rezept

Nimm die Fischstäbchen
aus der Packung.
Erhitze Öl in einer Pfanne.
Lege die Fischstäbchen
vorsichtig hinein und brate sie.

5 Textausschnitte Buchtiteln zuordnen

4

❶ Lies die einzelnen Texte. Ordne sie den Büchern zu.
Schreibe an jedes Buch die passende Nummer.

1 Ich sehe mich um und entdecke sie vor dem Höhleneingang.
Sie liegen da, als wären sie vor langer Zeit dort vergessen worden.
„Da sind sie!“, rufe ich und zeige auf die Handschuhe.
Opa springt sofort zum Eingang und hebt sie auf.
„Ich hab sie!“, ruft er und wir rennen nach draußen.
„Diebe, Diebe!“, rufen uns die grünen Männchen hinterher.
Sie verfolgen uns zur Rakete, doch wir sind viel schneller.

2 Die Königin schenkte ihr ein rosa Kleid und silberne Schuhe.
„Nein, ich will schwarze Lederhosen und schwarze Stiefel
und einen silbernen Gürtel!“, sagte Lieschen Radieschen.
„Und einen Umhang wie Zorro!“

3 Till geht seit letztem Sommer in die Schule.
Rechnen macht ihm am meisten Spaß. Malen kann er auch ganz gut.
Nur Lesen findet Till manchmal etwas schwierig. Sein Vater sagt:
„Lesen muss man können, sonst kriegt man keinen Beruf.“
Till will eigentlich gar keinen Beruf. Er will lieber Ritter werden.

3

1

2

6 Zu einem Gedicht malen

1 Lies das Gedicht und male dazu.
Du kannst für dein Bild die ganze Seite nutzen.

Sterne

Ganz weit in der Ferne
stehen am Himmel die Sterne.
Unendlich viele sind sie,
zählen kann man die nie,
auch wenn sie im Dunkeln
noch so hell funkeln.

Den großen da drüben
hab ich besonders gern.
Der ist mein Lieblingsstern.
Er bringt mir nämlich Glück.
Und winke ich ihm zu,
blinzelt er zurück.

Hans und Monique Hagen

offene Lösung

6 Ein Gedicht vorlesen

4

1 Lies das Gedicht leise.
Versuche nun, es mit der richtigen Betonung laut zu lesen.

Vom Riesen Timpetu

Pst! Ich weiß was. Hört mal zu:
War einst der Riese Timpetu.

flüsternde Stimme

Der arme Bursche hat – o Graus –
im Schlafe nachts verschluckt 'ne Maus.

traurige Stimme

Er lief zum Doktor Isegrimm:

normale Stimme

Ach, Doktor! Mir geht's heute schlimm!
Ich hab im Schlaf 'ne Maus verschluckt,
die sitzt im Leib und kneipt und druckt.

leidende Stimme

Der Doktor war ein kluger Mann,
man sah's ihm an der Brille an.
Er hat ihm in den Hals geguckt.

normale Stimme

Wie? Was? 'ne Maus habt ihr verschluckt?

entsetzte Stimme

Verschluckt 'ne Mietzekatz dazu,
dann lässt die Maus euch gleich in Ruh!

freudige Stimme

Alwin Freudenberg

6 Reimwörter in einem Gedicht finden

1 Lies das Gedicht.
Unterstreiche immer die zwei Wörter, die sich reimen.

Pimpernelle Zwiebelhaut

Kennt ihr schon die Hexenbraut
Pimpernelle Zwiebelhaut?

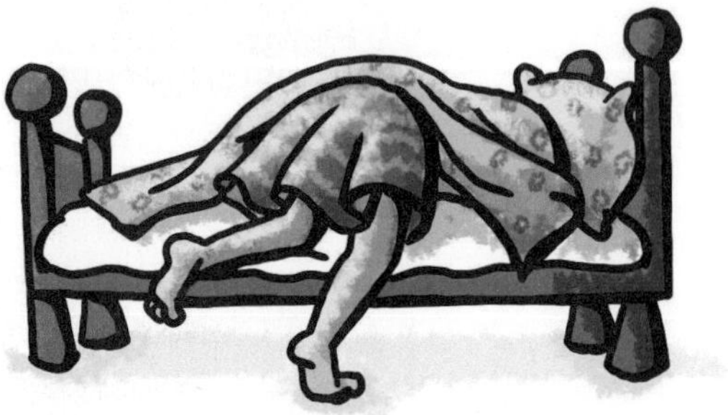

Rückwärts kriecht sie aus dem Bett,
schrubbt sich ab mit Stiefelfett,

kocht sich Seifenblasentee,
futtert Scheuerlappen mit Gelee,

Zittergras und Fliegenkleckse,
ja, das schmeckt der kleinen Hexe!

Doch das ist schon lange her.
Pimpernelle lebt nicht mehr –

hat Kichererbsenbrei gemacht
und sich beim Kichern totgelacht.

Hans Adolf Halbey

6 Reimwörter in ein Gedicht einsetzen

1 Finde die Tiere. Setze die passenden Tier-Reimwörter ein.

Die Giraffen meiner Nachbarin

Meine Nachbarin Frau Wiegel,
hat im Garten fünfzehn Igel,

eine sieben Meter lange,
wunderschöne glatte Schlange,

und aus irgendeinem Grunde
zwei sehr laute dicke Hunde.

Dazu hält sie eine Herde
kleiner, aber wilder Pferde,

zwei sehr prächtige Giraffen,
einen Käfig voller Affen,

Störche, Gänse, Enten, Möwen
und seit gestern einen Löwen.

Morgen Abend solln hier landen,
zwei dressierte Elefanten.

Fragt mich bitte nicht, wieso?
Sicher wird daraus ein Zoo.

Gottfried Herold

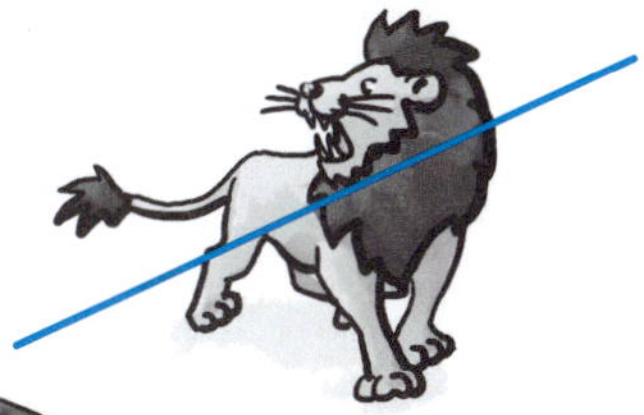

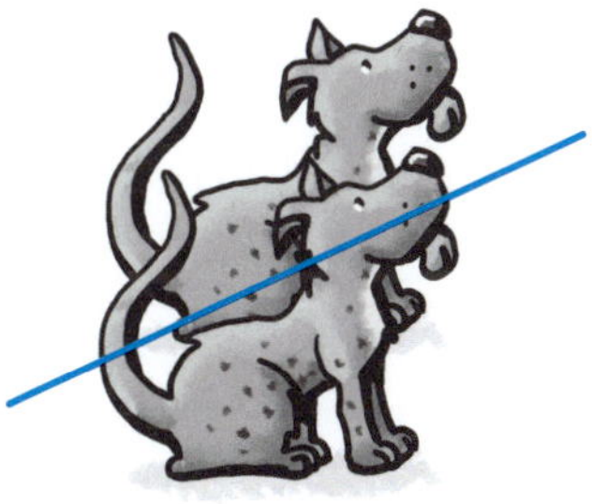

6 Ein Rätselgedicht lösen

1 Lies das Gedicht. Wer ist es?
Male ihn neben die Stelle im Text, an der du ihn erkannt hast.

Wer bin ich?

Sag, wer bin ich? Jeder liebt mich,
und auch dir bin ich bekannt.
Einen langen Rüssel hab ich,
doch ich bin kein Elefant.

Reiter tragen, Bäume schleppen,
das kann mein Beruf nicht sein.
Und auch auf den Kampf mit Löwen
lasse ich mich niemals ein.

Keinen Frosch kann ich besiegen.
Ganz gering ist mein Gewicht:
Wenn ich auf den Blüten sitze,
biegen sich die Stiele nicht.

Wenn ich durch die Lüfte fliege,
ist's, als flög ein Blatt dahin.
Aber schön sind meine Flügel.
Und nun sag mir, wer ich bin.

Josef Guggenmos

2 Schreibe die Antwort in die Zeile.

Schmetterling

6 Ein Gedicht auswendig lernen

4

1 Lerne das Gedicht auswendig.
Trage es mit den passenden Handbewegungen vor.

Am Morgen steht die Sonne tief

Am Morgen steht die Sonne tief,
weil sie gerade ja noch schlief.

Zur Mittagszeit wirst du gleich sehen,
da wird sie hoch am Himmel stehen.

Abends kommt sie schließlich dann
am Himmel unten wieder an.

Nachts siehst du die Sonne nicht,
drum schlafe, bis der Tag anbricht.

Paul Maar und KNISTER

Die Bilder und Handbewegungen können dir beim Lernen helfen.

7 Die passende von zwei Antworten ankreuzen

1 Lies den Text.
Kreuze zu jeder Frage die richtige Antwort an.

Hunger auf Burg Kühnstein

Das Rittermädchen Gundi hütete Ziegen. In der Tasche ihres Leinenkleides hatte sie nur ein Stück trockenes Brot. Seit ihr Vater, Ritter Adelgund der Kühne, mit dem König in den Krieg gezogen war, ging es der Ritterfamilie von Kühn auf Kühnstein gar nicht mehr gut.

Adelgund hatte alle seine Knechte mitgenommen. Dazu Leiterwagen beladen mit Säcken voller Getreide, Tonkrüge voller Honig und Sirup, Weinschläuche, geräucherte Schinken und die vier gemästeten Schweine.

Auf Burg Kühnstein gab es nun nicht mehr viel zu essen. Doch eines Tages erfand Gundi durch Zufall das gebackene Milch-Ei-Brot.

Nortrud Boge-Erli

Was hatte Gundi in der Tasche?
- [ ] ein Stück Kuchen
- [x] ein Stück Brot

Wer war Gundis Vater?
- [ ] der König
- [x] Adelgund der Kühne

Wohin war Adelgund gezogen?
- [x] in den Krieg
- [ ] nach Kühnstein

Was war auf dem Leiterwagen?
- [x] Getreide, Honig und Sirup
- [ ] das gebackene Milch-Ei-Brot

1 Kreuze zu jeder Frage die richtige Antwort an.

Lukas und die kleinen Igel

Lukas hat mit seinem Opa eine Igelfamilie entdeckt.

„Sie sind ungefähr fünf Wochen alt", flüstert der Großvater. „Vor einer Woche habe ich sie zum ersten Mal hier gesehen. Sie haben Schnecken gefressen und Wasser getrunken."

„Ich weiß, was sie noch mögen: Regenwürmer, Käfer, Spinnen, Schnaken und Obst", zählt Lukas auf. „Und sie trinken sechs Wochen lang Milch bei ihrer Mutter. Igel sind nämlich Säugetiere, hast du erzählt."

Opa nickt. „Das hast du dir gut gemerkt. Kannst du dir vorstellen, dass sie bei ihrer Geburt nicht mehr als 20 Gramm wiegen?", fragt er. „Das ist ungefähr so leicht wie ein kleiner Schokoriegel."

Insa Bauer

Wie alt sind die Igelkinder?

- [ ] 4 Wochen
- [x] 5 Wochen
- [ ] 6 Wochen
- [ ] 3 Wochen

Wann sah Opa sie zum ersten Mal?

- [ ] vor 2 Wochen
- [ ] vorgestern
- [x] vor 1 Woche
- [ ] gestern

Was fressen die Igel?

- [x] Spinnen
- [ ] Schokolade
- [x] Schnecken
- [ ] Schlangen

Wie schwer sind sie bei der Geburt?

- [ ] 30 Gramm
- [ ] 25 Gramm
- [ ] 22 Gramm
- [x] 20 Gramm

7 Das Ende von Sätzen zum Text auswählen

1 Lies den Text.
Kreuze die passenden Satzenden an.

Autoverrückt

Florian Flottbek kam aus einer wirklich verrückten Familie. Sein Uropa war verrückt nach Autos. Seine Oma war verrückt nach Autos. Sein Papa war verrückt nach Autos. Und Florian selbst war auch nicht besser.

Eines Samstags, als die vier autoverrückten Flottbeks zu einer Spazierfahrt aufbrechen wollten, sagte Florians Mutter: „Wenn ihr sowieso nur durch die Gegend kurvt, dann könnt ihr auch Tante Elke nach Hause fahren.“ Leider hasste Tante Elke Autos, Straßen und Verkehrsstaus. Beim Fahren wurde ihr sofort übel. Aber sie musste nach Hause. Und so wurde die Fahrt für alle ziemlich spannend.

Christian Tielmann

Verrückt nach Autos sind …

- ☒ ... vier Flottbeks.
- ☐ ... drei Flottbeks.

Die Mutter bat sie …

- ☐ ... durch die Gegend zu kurven.
- ☒ ... Tante Elke nach Hause zu bringen.

Die Flottbeks wollten …

- ☐ ... spazieren gehen.
- ☒ ... spazieren fahren.

Tante Elke …

- ☐ ... liebte Autos und Verkehr.
- ☒ ... konnte Autos nicht leiden.

7 Das Ende von Sätzen zum Text aufschreiben 4

1 Lies den Text. Ergänze die Sätze.

Im Heu

Zum ersten Mal schlafen die Reiterkinder auf dem Heuboden. Der liegt direkt über dem Pferdestall. Die Reitlehrerin bestimmt: „Jede Nacht ist eine andere Gruppe dran. Sie faltet die Lose. Dann zieht sie mit geschlossenen Augen ein Los aus dem Topf. Die Mädchen aus dem Hufeisen-Zimmer gewinnen. Das ärgert die Jungen aus dem Steigbügel-Zimmer.

Zum Hufeisen-Zimmer gehören Thea, Nelly und Anne. Die drei freuen sich riesig auf die Nacht im Heuboden. Am Abend schleppen sie ihr Bettzeug durch die Stallgasse. Der Weg zum Heuboden führt an den Boxen vorbei. Erstaunt gucken die Pferde ihnen nach. Oben breiten die Mädchen ihre Decken und Kissen auf dem Heu an einem kleinen Fenster aus.

Margot Berger

Drei Reiterkinder übernachten auf dem Heuboden.

Der Heuboden liegt über dem Pferdestall.

Die Reitlehrerin zieht aus dem Topf ein Los.

Es verlieren die Kinder aus dem Steigbügel-Zimmer.

Zum Heuboden schleppen die Mädchen ihr Bettzeug.

Sie schlafen auf dem Heu an einem kleinen Fenster.

7 Vorgegebene Wörter in einem Text finden

1 Suche die Wörter unten im Text. Schreibe hinter jedem Wort die Zeile auf, in der du das Wort gefunden hast.

Durch die Wüste

Herr Kramer hat in diesem Jahr eine Reise durch die Wüste gemacht. Er erzählt: „Jeder von uns durfte nur einen Rucksack mitnehmen. Als wir in der Wüste ankamen, bekam jeder sein eigenes Kamel. Da es sehr heiß war, hatten wir alle Tücher um den Kopf. So bekam man keinen Sonnenstich.

Wir haben eine Wüste aus Sand mit riesigen Dünen durchquert. Dabei sind wir über weite Berge und Ebenen geritten. Immer wieder ragten weiße Felsen aus dem Sand empor. An Wasserstellen hatten sich Oasen mit Palmen gebildet.

Mittags wurde eine lange Pause im Schatten gemacht. Am Abend wurde Feuer angezündet und das Essen gekocht. Geschlafen haben wir unter freiem Himmel."

Reise	Zeile	1
Kamel	Zeile	3
Sand	Zeile	6
Felsen	Zeile	8
Palmen	Zeile	9
Himmel	Zeile	12

7 Signalwörter in Sätzen finden

1 Lies die Sätze.
Unterstreiche in jedem Rahmen den Namen der Blume und in welchen Farben sie blüht.

Die Sonnenblume ist dieses Jahr riesengroß. Schon von Weitem kann man ihren gelben Blütenkopf strahlen sehen.

Eine meiner Lieblingsblumen ist die orange blühende Ringelblume. Wir haben sie selbst gesät.

Wunderschöne rote Blütenblätter hat der Klatschmohn. In einer Blumenvase fühlt er sich nicht wohl. Hier verliert er sehr schnell seine Blütenblätter.

Die Rosen in meinem Garten blühen weiß.

Eine hübsche Rankpflanze ist die Wicke. Es gibt sie in verschiedenen Farben. Manche blühen weiß oder rot, andere sind blau.

7 Signalwörter in Absätzen finden

1 Unterstreiche in jedem Text den Namen des Tieres und das Adjektiv, das zu dem Tier gehört und davorsteht.

Was man den Tieren alles nachsagt

Die Haustiere mit dem weichen Fell
scheint man für nicht besonders intelligent zu halten.
Wenn jemand zu mir sagt: „Du dummes Schaf!“,
dann ist das weder für mich noch für das Tier nett.

Seit vielen tausend Jahren haben bestimmte Vögel
einen ganz besonderen Ruf.
Schon bei alten Griechen stand die Eule für Weisheit.
Deshalb spricht man auch heute noch von der weisen Eule.

Einen nicht besonders guten Ruf hat ein anderer Vogel.
Wenn jemand im Sport nicht gerade der Schnellste ist,
wird er gerne als lahme Ente bezeichnet.

Dann gibt es noch einen Vogel,
dem man etwas richtig Schlechtes nachsagt.
Man spricht von der diebischen Elster,
weil sie ein Nesträuber ist.

Heft 4, Seite 54
Wie Tiere sind:
der schlaue Fuchs,
die giftige ...,
der große ...

7 Signalwörter in einem Text finden

4

1 Lies das Rezept.
Unterstreiche alles, was in den Teig kommt.
Es sind zehn Zutaten.

Apfelkuchen

Zuerst schlägst du die weiche Butter mit Zucker und Salz schaumig. Dann rührst du die Eier darunter. Jetzt kommt das mit Backpulver gemischte Mehl dazu. Gieße Apfelsaft dazu, bis der Teig sich gut rühren lässt. Rühre weiter und gib den Zimt dazu. Die Rosinen wäschst du zuerst mit heißem Wasser, bevor du sie auf einem Küchenpapier abtropfen lässt. Rühre sie unter den Teig. Inzwischen kannst du die Äpfel schälen, in kleine Stücke schneiden und in den Teig geben. Fülle den Teig in eine eingefettete Backform und backe den Kuchen eine Stunde. Jetzt lässt du ihn abkühlen.

8 Ein Buch wird vorgestellt

Wenn du ein **Buch** vorstellst, musst du den Titel, den Autor und den Verlag nennen.

Der **Titel** sagt dir, wie das Buch heißt.
Der **Autor** hat das Buch geschrieben.
Der **Verlag** hat das Buch hergestellt.

1 Schau dir den Buchdeckel an.
Schreibe den Buchtitel, den Autor oder die Autorin und den Namen des Verlags in die Zeilen.

Titel:

Vladin

Drachenheld

Autor:

Doris Lecher

Verlag:

Bajazzo Verlag

8 Lieblingsbücher vorstellen

4

1 Nimm ein Blatt Papier und falte es in der Mitte.
Schreibe Lieblingsbuch von … auf die Außenseite.
Beschreibe im Innenteil dein Lieblingsbuch
und male Bilder dazu.

Hier ist ein Beispiel
von Pias Lieblingsbuch.
Das kann dir helfen.

Buchvorstellung

Titel:

Nick muss keine
Angst mehr haben

Autor:

Achim Bröger

Hauptpersonen:

Nick und seine Schwester Nele

Das passiert in meinem Buch:

Immer wenn Nick und Nele Angst haben,
wissen sie sich zu helfen.

Diese Stelle hat mir am besten gefallen:

Nele hat ihre Mama im Kaufhaus verloren.
Als sie sich wieder gefunden haben,
gehen sie zusammen ein Eis essen.

8 Den Autor Stefan Gemmel kennen lernen

1 Lies, was Stefan Gemmel antwortet.
Schreibe zu jedem Absatz die passende Frage.

~~Was ist Ihr Spitzname und Ihr Lieblingsessen?~~	~~Können Kinder bei Ihnen schreiben lernen?~~
~~Warum schreiben Sie Kinderbücher?~~	~~Lesen Sie auch Kindern vor?~~

Stefan Gemmel,
Autor vieler Kinderbücher

Warum schreiben Sie
Kinderbücher?

Ich mag Kinder sehr gerne und habe ständig den Kopf voller Geschichten.

Lesen Sie auch
Kindern vor?

Ja, aber ich sitze nicht nur da und lese, sondern stehe vor meinen Zuhörern, fuchtele mit den Armen und krächze wie ein Rabe oder piepse wie eine Maus.

Können Kinder
bei Ihnen
schreiben lernen?

Oft arbeite ich auch mit Kindern, die Geschichten schreiben möchten. Dabei verrate ich ihnen meine Schreibtricks.

Was ist
Ihr Spitzname und
Ihr Lieblingsessen?

Mein Spitzname ist Blubb, weil ich der beste Schwimmer meiner Schule war.
Meine Lieblingsessen sind Pizza, Salate und Schokolade.

8 Ein Buch von Stefan Gemmel kennen lernen

4

1 Lies den Text genau.
Vervollständige die Schatzkarte.

Winnewuff und Old Miezecat

Ein Hund, ein Kater und eine Maus erleben Abenteuer wie im Wilden Westen. Alles begann mit einer geheimnisvollen Schatzkarte.

Nachdem der Hund Winnewuff und der Kater Old Miezecat die Schatzkarte gemeinsam genauer angeschaut hatten, kamen beide zu dem Schluss, dass die Karte echt sein müsse. Es waren Ohrringe und glitzernde Goldketten darauf abgebildet und in der einen Ecke prangte sogar ein richtiger Stempel! Es bestand also kein Zweifel: Die Karte war echt! Sie war zwar schon alt, doch die eingezeichneten Straßen waren noch gut zu erkennen: Der Schatz war in dieser Stadt versteckt, genauer: im Glitzerweg 22, gleich hinter dem Industriegebiet. „Der Schatz im Glitzerweg“, schwärmte Old Mietzecat. Winnewuff unterstrich diesen Gedanken mit einem lauten „Hugh!“

Stefan Gemmel

8 Beliebte Bücher

❶ Finde zu jeder Buchbeschreibung die passende Fortsetzung.
Trage die richtigen Zahlen ein.

1 Hexe Lilli zaubert Hausaufgaben

Eines Tages findet Hexe Lilli ein Hexenbuch neben ihrem Bett.
Warum soll sie nicht ihre Hausaufgaben fertigzaubern?
Doch gerade jetzt muss sie auf ihren kleinen Bruder Leon aufpassen.

KNISTER

2 Pferdegeschichten vom Franz

Bis jetzt hat sich Franz überhaupt nicht für Pferde interessiert.
Seit seine Freundin Gabi nur noch von Pferden spricht, ist Franz
ein richtiger Pferde-Fachmann. Und reiten kann er auch – sagt er.

Christine Nöstlinger

3 Die Olchis und der faule König

Zum allerersten Mal bekommen die Olchis Besuch von einem König,
von einem richtigen König! Die ganze Olchi-Familie
ist nun schwer beschäftigt, alle königlichen Wünsche zu erfüllen.

Erhard Dietl

3 Den ganzen lieben Tag hat er einen Sonderwunsch nach dem anderen. So unmöglich darf sich auch ein König nicht benehmen.

1 Natürlich hat sie keine Lust. Aber er schreit, bis sie ihm etwas aus dem Hexenbuch vorliest. Plötzlich hat Leon Hasenohren.

2 Der ganze Schwindel droht aufzufliegen, als Gabi für die beiden die erste Reitstunde plant. Was soll Franz tun?

8 Spannende Bücher

1 Unterstreiche in jedem Absatz die spannendste Stelle.

Olivers blaue Badetasche ist verschwunden.
Das ist ein Fall für Nick Nase.
Am Strand geht er jeder Spur nach.
Plötzlich springt Schnuffel, sein Hund, ins Wasser.
Schnell schwimmt Nick Nase hinterher.
Da ist etwas Blaues. Er schnappt danach.
Aber es ist nicht die Tasche.

M. W. Sharmat

In dieser Nacht schlief Felline schlecht.
Sie träumte einen seltsamen Traum.
Ihr Körper wurde dicker und dicker,
die Pfoten größer … was für Krallen!
Und was geschah mit ihrem Fell?
Felline hatte sich in einen Gruselhund verwandelt.
Riesig, mit spitzen Zähnen.

Martin Baltscheit

Immer wieder hörte der Professor das Ei ab.
Endlich – nach vielen Tagen – vernahm er etwas.
Das Ei fing an zu wackeln.
Es schwankte. Es zitterte und bebte.
Die Spannung wurde fast unerträglich.
Plötzlich bekam das Ei einen Riss.
Ein Stück Schale sprang ab.
Ein kleiner Kopf kam hervor.

Max Kruse

8 Die Bücherei stellt sich vor

1 Lies, wie Frau Lehmann die Bücherei vorstellt.
Setze die Wörter passend ein.

~~Krimis~~	~~Eltern~~	~~spielen~~	~~ausleihen~~	~~hören~~	~~Fußboden~~

„Bei uns gibt es etwa 2000 Bücher für Kinder und Jugendliche. Du kannst sie umsonst für vier Wochen ausleihen. Dazu brauchst du einen Büchereiausweis.

Es gibt Regale für Bilderbücher, Erzählungen und Sachbücher. In den Regalen sind die Bücher geordnet. Bei Erzählungen findest du Bücher über Abenteuer, Bücher über Freundschaft, spannende Comics oder auch Krimis.

Bücher über Tiere, Fahrzeuge oder Sport stehen bei den Sachbüchern. Bilderbücher sind in großen Kästen auf dem Fußboden.

In unserer Bücherei findest du eine große Auswahl Kassetten, CDs und DVDs, Videos und Zeitschriften. Es werden auch viele Spiele angeboten. Du kannst sie mit nach Hause nehmen oder direkt bei uns spielen.

Alle zwei Wochen wird dienstags in der Kinderbücherei vorgelesen. Hier können Kinder ab fünf Jahren lustige, spannende oder abenteuerliche Geschichten hören.

Kinder ab sechs Jahren können täglich eine halbe Stunde kostenlos im Internet surfen. Sie brauchen dazu ihren Büchereiausweis und das Einverständnis ihrer Eltern."

8 In der Bücherei

1 Verbinde die Bücher und CDs mit den passenden Regalen.

9 Mit verteilten Rollen lesen

1 Lies das Gespräch zuerst leise.
Lies dann mit einem Partnerkind mit verteilten Rollen.

Jan und Katrin im Kinderzimmer

Gib mir sofort das Heft zurück!
Warum sollte ich?
Weil ich für morgen noch was lernen muss. Und weil es meins ist.
Ist es nicht.

Ist es doch.
Lügner! Ich hab mitgezahlt. Einen Euro hab ich draufgelegt.
Es hat aber fünf gekostet.
Da kriegst du nur ein paar Seiten dafür.

Dann gib mir meinen Teil!
Na bravo, jetzt hast du das Heft zerrissen!
Selber Schuld! hättest du es nicht so festgehalten!
Weißt du, was du bist? Ein … gemeiner Knochenhecht bist du!
Und du bist ein Segelflossen-Doktorfisch!

Und du ein gestreifter Felsenhüpfer!
Und du ein Schwarzpunkt-Kugelfisch!
Du Maulbrüter!
Du verzierter Kaninchenfisch.
Du Brokkoli-Koralle!
Du siamesische Rüsselbarbe!

Die Mutter steckt den Kopf durch die Tür. Sie möchte, dass die beiden keine Schimpfwörter mehr verwenden. Dabei gibt es diese Meerestiere wirklich!

Gerda Anger-Schmidt

9 Das Ende einer Geschichte erfinden

4

1 Lies die Geschichte.
Was macht der Geist mit der Schokolade?
Schreibe das Ende der Geschichte auf.

Ich hol dein Liebstes!

Valerie bekam seit zwei Abenden Besuch von einem Gespenst, das ihr androhte, am dritten Abend ihr Liebstes zu holen.

„Heute ist es so weit!“ Valerie machte ganz ängstliche Augen. „Du hast dein Liebstes unter deinem Kopfkissen versteckt!“ „Wwwwoher wwweißt du das?“, bibberte Valerie und kroch noch tiefer in ihre Kissen. „Das weiß jeder aus der Familie“, antwortete der Geist. Er streckte die Geisterhand aus. „Her mit deinem Liebsten!“ „Willst du es wirklich haben?“, piepste Valerie. „Ja“, sagte der Geist. „Und keine Tricks. Mich kannst du nicht reinlegen.“ Zögernd griff Valerie unters Kopfkissen und reichte ihm die Tafel Schokolade, die sie dort versteckt hatte.

Marlies Arnold

offene Lösung

9 Eine Lieblingsfigur auswählen

1 Lies die Beschreibungen. Schreibe auf, welcher Pirat du gerne wärst. Begründe deine Wahl.

Piraten-Lizzy weiß genau, was sie will.
Sie ist ehrgeizig und stark.
Sie wird von vielen Piraten gefürchtet,
weil sie die beste Säbelkämpferin ist.

Piraten-Kalle wird auch „der Kluge der Meere“ genannt.
Er ist intelligent und liest viel.
Deshalb hat er schon viele Schätze gefunden.
Nur er kann die Schatzkarten entschlüsseln.

Piraten-Elli ist die schönste Anführerin aller Meere.
Sie ist freundlich und gütig.
Auf der ganzen Welt kennt sie sich aus.
Ihre Piraten verehren sie und gehorchen ihr aufs Wort.

Piraten-Billi ist bekannt für seine Kraft und Stärke.
Er ist ein Bär von einem Mann.
Viele bekommen schon Angst, wenn sie ihn nur sehen.
Wenn er brüllt, erstarren alle Lebewesen.

Ich wäre gerne:

Piraten- offene Lösung

Begründung: offene Lösung

9 Einer Buchfigur passende Gefühle zuordnen

4

1 Überlege, wie sich Bertram in der Situation mit Kasimir fühlt.
Male für jeden Absatz den Rahmen mit dem passenden Gefühl aus.

Bertram und Kasimir

Bertram ist eine kleine Maus.
Er möchte seine Verwandten auf dem Speicher besuchen.
Dies ist gefährlich, denn es gibt Kasimir, die Hauskatze.
Gerade wird Bertram von Kasimir erwischt …

neugierig | traurig | mutig

Als Bertram sah, wie sich die Pfote auf ihn herabsenkte, nahm er all seinen Mut zusammen. Laut und entschlossen sagte er: „Warte Kasimir! Ich werde dir eine Geschichte erzählen."

fröhlich | hoffnungsvoll | hungrig

Kasimir, zunächst überrascht, dann amüsiert, sagte:
„Wie du willst, Mäuschen, ich habe Zeit. Aber sprich laut, denn sobald ich dich nicht mehr höre, werde ich dich fressen."
Da begann Bertram, der wieder Hoffnung schöpfte, die Geschichte vom grünen Drachen zu erzählen.
Er vergaß nichts, konnte sich an jede Einzelheit erinnern.

wütend | erleichtert | lustig

Während er sprach, spürte er nach und nach, wie der Druck von Kasimirs Pfote auf seinen Schwanz nachließ.

Anne Jonas

9 Die Gefühle einer Buchfigur beschreiben

1 Lies die Geschichte.
Schreibe kurze Antworten zu den Fragen.

Paul will auch eine Bande

Paul will endlich auch eine Bande haben. Zwei Monate wohnt Paul schon in Dettendorf. Und er hat immer noch keine Bande. Zwei Monate sind ziemlich lang, findet Paul. Mit einem Lastwagen sind sie von Neustadt nach Dettendorf gezogen. Eigentlich sind aber mit dem Lastwagen nur die Sachen umgezogen. Papa und Mama, Paul und Josefine und Kasper und Violetta sind mit dem Auto hinterhergefahren. Josefine ist Pauls kleine Schwester. Kasper heißt der Hund, und Violetta ist die Schildkröte.

Wie gesagt: Seit zwei Monaten wohnt Paul schon in Dettendorf, und er hat noch keine Bande. Dabei wimmelt es hier nur so von Banden. Max hat eine, und der starke Jo hat auch eine.

Dagmar Geisler

Paul wohnt in Dettendorf.
Wo wohnte er vorher?
In Neustadt.

Was möchte Paul
gerne haben?
Eine Bande.

Wie lange wünscht er sich
nun schon eine Bande?
Seit zwei Monaten.

Wie fühlt sich Paul
im Moment?
Einsam.

9 Einen Redesatz für eine Buchfigur erfinden

1 Lies den Text. Wie findet Muffel die Idee mit dem Preisausschreiben? Trage in die Sprechblase ein, was er zu seiner Mutter sagt.

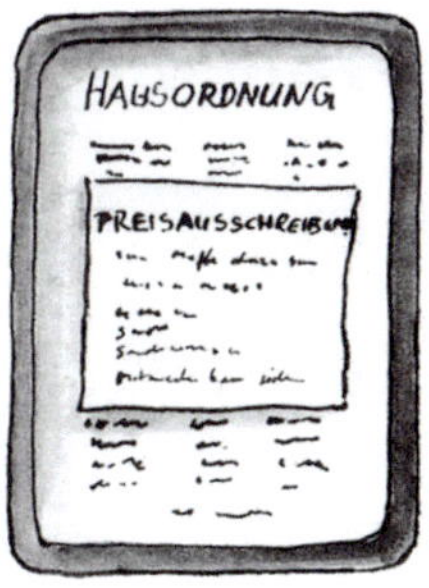

Der Lesemuffel

Alle finden, dass Muffel besser lesen lernen sollte. Vor allem seine Mutter. Bis jetzt hat noch nichts geholfen.

Also muss sich die Mama etwas anderes einfallen lassen. Und weil ihr selbst nichts einfällt, setzt sie einen Preis aus. Sie hängt einen großen Zettel ins Treppenhaus. „Preisausschreiben", schreibt sie mit großen Buchstaben darauf. „Wer Muffel Maus dazu bringt, ein Buch zu lesen, gewinnt ein Mittagessen bei Familie Maus! Suppe, Hauptspeise, Nachspeise. Sonderwünsche möglich! Mitmachen kann jeder!" Der Erste, der den Zettel liest, ist Muffel. Weil es doch schließlich um ihn geht.

Saskia Hula

offene Lösung

9 Handlungsmöglichkeiten auswählen

1 Lies genau, was Alexander heute mit Moritz machen möchte. Unterstreiche diese Sätze.

Die Mutprobe

Moritz und Alexander sind Freunde. Sie fahren Inliner. Heute will Alexander auf einmal, dass sie es endlich tun, und Moritz kann ihn nicht davon abbringen. „Du bist ja bloß feig, du hast ja überhaupt keinen Mut!“, ruft Alexander. Und zwar soll Moritz mit ihm die steile Burgstraße runtersausen. Bremsen soll nicht erlaubt sein. Erst ganz unten gibt es – zack! – eine Vollbremsung.

Moritz sagt: „Ich bin überhaupt nicht feig!“ „Was bist du dann?“, höhnt Alexander. „Immer bestimmst du, was wir tun!“, giftet Moritz. „Ja, weil ich Mut hab!“ Alexander stößt sich vom Zaun ab. Er fährt kunstvoll rückwärts. „Ich hab auch Mut!!“, ruft Moritz. „Hast du nicht. Du bist feig, feig, feig …“

Irma Krauß

Heft 4, Seite 70
Wenn ich Moritz wäre,
würde ich …

9 Handlungsmöglichkeiten entwerfen

4

1 Lies die Geschichte. Stell dir vor, du bist Lisa.
Schreibe auf, was du tun könntest, um die Freundschaft zu retten.

Mona Lisa

Mona und Lisa sind Freundinnen. Sie machen alles gemeinsam.

Doch heute geschieht etwas Merkwürdiges.
Lisa schlägt auf dem Heimweg von der Schule vor:
„Wir können die Hausaufgaben bei uns machen
und danach mit den Fahrrädern zu meiner Oma fahren.
Sie backt wieder ihren leckeren Apfelkuchen."
Aber Mona schüttelt den Kopf und sieht Lisa traurig an.
„Fahr du allein. Ich mag nicht."
Monas Antwort haut Lisa beinahe von den Socken.
„Aber Mona, was ist denn los? Mona?"
Doch Mona geht mit eiligen Schritten davon.
Lisa versteht die Welt nicht mehr.
Am nächsten Tag spricht Mona kaum ein Wort mit Lisa.
Und nicht am übernächsten. Sie zieht sich immer mehr zurück.

Gerit Kopietz

offene Lösung